身近な人の施設介護を考えるときに読む本

もう限界！

【第5版】

ケアタウン総合研究所
監修 高室成幸

自由国民社

はじめに…

介護……ここ20年間で、とても身近な言葉になりました。介護保険制度のお手柄のひとつでしょう。日常会話で「親の介護でホトホト疲れちゃったわ」「いまいい施設がないか探しまわっています」「夫が亡くなった後、一人になった私の老後を考えると気が気でない」と交わされるようになりました。

介護保険制度は介護が必要となっても本人らしい暮らしを応援する制度です。しかし「介護される身となっても、自宅でいつまでも自由気ままに暮らしたい」と本人が願っても、介護する配偶者や子どもたちの負担は大きく、親子関係のヒビや介護ストレスが虐待という悲しい出来事となる例も増えています。また息子や娘のつたない介護技術を目の当たりにしたり、ひとり暮らしの生活が不安で、自らの選択で「施設での介護」を早々と決める高齢者層の方たちもいます。

しかし、そこで困ってしまうのは、施設を考えたときの「基準」です。一般の方には介護保険3施設の違いからまずわからない。有料老人ホームにも健康型から介護付き、住宅型まであり、さらに認知症グループホームやサービス付き高齢者向け住宅まで数多く目にするようになったので混乱の極みのようです。

インターネットやパンフレットを読んでも、そこは「良いことづくめ」のオンパレード。どこの施設も「安らぎ、幸せ、笑顔」の文句が並び、その違いさえ素人にはわかりづらいのが本音でしょう。

本書は、いままさに施設入所を考えている人から、いずれ施設入所を希望している人までを対象とした入門書であり、実際に施設に入所をさせている家族にとっては施設を評価する本といえます。

本書の特徴は、第1に基本知識として複雑な介護保険制度を解説し、施設を選ぶ前に在宅介護でどこまで工夫できるか、がんばれるか、考え方の実践的なノウハウを示しました。第2は、似ているように映りがちの介護施設をわかりやすく整理しました。第3は、施設を選ぶ時に読者の方々が実際に何を検討し、どこを見学し、どの点を確認すればよいか、実践的な着眼点（目利き力）を示しました。第4には契約前に行っておきたい事前体験（お試し入居）、読み込みたい文書類（重要事項説明書など）、施設訪問時のチェックのポイントを具体的に解説しました。第5には、入所後に施設に注文や苦情を言う場合の段取りと注意点、倒産や退所を迫られた場合の交渉など、あまり知られていない現実的な対応方法にまで踏み込みました。

さらに巻末のチェック項目と質問例を施設に直接ぶつけることでその施設のレベルがわかるようにも工夫を凝らしました。

本書は「施設選びの道具」です。本書が在宅か施設かに迷う多くの人たちの羅針盤となることを願っています。

ケアタウン総合研究所 代表　高室 成幸

身近な人の施設介護を考えるときに読む本

第6章 シニア向け住宅の賢い選び方

第1章

もう家庭での介護は無理ですか？

1-①

家庭で介護を続けるために必要な工夫

大事な3つ

①寝たきりにならないように生活を工夫する
②無理をしない・させない介護を心がける
③介護保険をよく知り上手に利用しよう

家庭での介護が困難になる原因の1つに、「**認知症の進行**」があります。異常ともいえる行動が見られるようになったら、家庭での介護に限界を感じる人が増えます。認知症の進行を遅らせるには、周囲との交流を途絶えさせないことが大切です。

また、寝たきりの生活も介護の継続を困難にします。リハビリをやめたりすると、身体の機能が低下し「**廃用症候群**《はいようしょうこうぐん》」になったり、認知症がさらに進んで生活が楽しめなくなったりします。

もう1つ、家庭介護を続けるのを難しくする原因に、介護する側の健康問題やストレスなどがあります。長く続けるためには無理をしない介護を心がけましょう。1人で介護の負担を抱え込むようなことはせず、家族や親族に、あるいは専門職に協力を仰いで、介護の手を増やしましょう。

それには、介護保険を利用するのが有効です。ヘルパーに訪問介護に来てもらったり、通所サービスや短期入所サービスを利用し、一時でも介護から解放されれば、家族は気持ちをリフレッシュすることができます。

家庭で介護を続ける方法

対象	ポイント
本人	重度化しないように工夫する
	・転倒に気をつける ・寝たきりにならないようにする➡12ページ ・認知症にならないように工夫する➡14ページ ・認知症が重度化しないように工夫する➡14ページ ・認知症になっても快適な暮らしを工夫する➡14ページ
家族	無理をしないように心がける
	・健康管理を行う➡16ページ ・気分転換を心がける➡16ページ ・家族、親族みんなで介護を分担する➡16ページ ・介護仲間を作る➡16ページ
本人・家族	介護保険を活用する
	・介護保険について知識を身につける➡20ページ ・訪問系のサービスを利用する➡22ページ ・通所系のサービスを利用する➡24ページ ・短期入所サービスを利用する➡26ページ ・地域密着型のサービスを利用する➡28ページ ・住宅改修や福祉用具貸与の支援を受ける➡30ページ

1-②

寝たきりにならないように気をつける

大事な3つ

①寝たきりになると認知症が進んだり、全身の機能が低下する
②ベッド中心の生活から脱却し、活発な生活ができるように介護しよう
③マヒがあるようなら、介護保険を利用して通所や訪問のリハビリを始める

ベッドに寝たまま1日を過ごすようになると、全身の機能が低下し要介護度が進みます。

高齢者が寝たきりになるのは、脳卒中や関節疾患、転倒による骨折などにより寝ついた結果、ベッドから離れられなくなるケースがほとんどです。

とくに脳卒中はマヒや言語障害が残ることがあるので、「**不活発な生活**」になりがちです。また、神経痛やリウマチなど骨や関節の病気も、動くと痛むためベッド中心の生活になってしまいがちです。

ベッドから離れていきいきした生活を取り戻すのを目的に介護をすれば、自立可能な高齢者も少なくありません。自分のために手をかけてもらうことを遠慮しがちな要介護者は、ベッドの上で放っておいてもらいたいと考えるでしょう。希望どおり放っておいたら、要介護度はどんどん進み、取り返しがつかない状態になってしまいます。

マヒがあれば、マヒを軽減するリハビリとともに、マヒがあっても日常生活が送れる訓練をすることが大事です。それには介護保険を利用した、**通所あるいは訪問によるリハビリテーションが有効**です。

寝たきりにしないための働きかけ

①本人の状態をよく知る

医師などから本人の状態をよく聞き、不活発になっている原因を把握し、起きたり動いたりしても問題ないか確認しましょう。

②動きやすい環境をつくる

安心して動けるように障害物を取り除いたり、手すりなどを設置します。本人の状態に合った車いすや杖を選びましょう。

③声かけを心がける

要介護者とのコミュニケーションを途絶えさせないようにしましょう。明るい声であいさつするなど、声かけをひんぱんにします。

④本人のやる気を促す

手助けは最低限にして、できることは自分でしてもらいます。いまできなくても、気を長く持って少しずつ目標に近づきましょう。

⑤外出する

外出して新鮮な空気を吸い、陽を浴びたりして適度な刺激を受けて気分転換を図るのは、心身ともによい効果があります。

⑥寝たきり予防のリハビリを

介護保険を利用して専門職による指導を受けながら、自宅でリハビリが続けられるように介護しましょう。

1-③ 認知症が進まないように工夫する

大事な3つ

①認知症と診断されても家族はあわてず、冷静に対応を心がける
②医師などの専門家から、認知症についての知識を得る
③趣味や運動などを日常で行い、活発な生活を心がける

認知症による徘徊《はいかい》や夜間せん妄《もう》など症状がひんぱんに見られるようになると、家庭での介護が困難になります。さらに進むと会話が成立しなくなり、寝たきりから全面的な介助が必要になります。

もの忘れなどの症状が見られたら、医師に診断を仰ぎますが、認知症と診断されても、家族はあわてないことが大事です。家族の動揺が本人を不安にさせ認知症を悪化させる恐れがあるからです。

さらに認知症とはどんな病気か、知ることも大事なので医師からきちんと説明を受けましょう。異常行動が見られるようになっても、「これは認知症の初期症状」とわかっていれば、冷静に対処できます。

認知症は徐々に進みますが、次のような介護の工夫によって症状を緩和させたり、充実した時を過ごしてもらうことも可能です。

①寝たきりにしたり、部屋に孤立させない
②異常行動にあわてず、冷静な対応をする
③住み替えなど環境を変えるときは慎重に行う
④低栄養に気をつけて、同時に脱水症や便秘にならないようにする

認知症（アルツハイマー病）の進み方

初期（発症後2〜3年）	・もの忘れが激しくなる ・置き忘れなどの失敗が増える ・新しいことが覚えられなくなる ・おつりを忘れるなど、お金の管理が苦手になる ・イライラしたり、ふさぎこむなど感情的に不安定になる ・老人性のうつ病に似た表情となる ・年月日など、時間の感覚が不確実になる
中期（発症後4年〜）	・記憶障害が進み日常生活に支障が出る ・季節や天候に合った衣服が選べない ・1人で買い物ができない ・慣れた場所で道に迷うことがある ・言葉の言い違いが増えたり、他人の言うことが理解できなかったりする ・自分の思ったように動作ができない ・自分の見ているものが何かわからなくなる ・料理など順序立てて行動することができなくなる ・認知機能の衰えと精神的な不安から、BPSD（認知症の行動・心理症状）が現れる（徘徊、妄想、暴言、暴力、錯覚、幻覚、異食、睡眠障害など） ・ことばのつじつまが合わない
末期（発症後8年〜）	・会話が成り立たない ・食事、排せつなど生活全般において全面的な介助が必要になる ・運動機能が低下し、寝たきり状態になる

※進行の年数は個人によって差があります。若年性認知症はさらに急速に進行するといわれています。

1-④

介護する側も健康管理を怠らない

大事な3つ

①健康診断を積極的に受けて、自身の病気の早期発見を心がける
②体操やウォーキングなどを行って、日々の体調管理をしよう
③「介護うつ」などの深刻な事態にならないようにストレス管理する

家庭での介護を続けるには、要介護者の健康状態も大切ですが、介護する人の健康も重要です。病気になったら、介護を続けるのが困難になりますし、ストレスをためると体調に変化が出て、悪化すると「**介護うつ**」の心配も出てきます。

体の健康のためには、「**体操やウォーキングなどの運動**」、「**規則正しい食事や睡眠**」などを心がけ、自分のリズムを守ることが大事です。また、重篤な病気にかかると介護を続けるのが困難になるので、定期的に「**健康診断**」を受けましょう。

規則正しい生活を送ることは、ストレスをためない有効な方法です。それでも「少しストレスがあるな」と感じたら、早めに気分転換をしましょう。短期入所サービスを利用して、短期間、要介護者と離れるとリフレッシュできます。グチを言い合える友人をつくったり、介護のことで相談できるケアマネジャーや医療関係者をつくる、認知症家族の会に参加することも有効です。「介護うつ」の予防には、自分を追い込まない「**自分なりのストレス解消法**」を見つけましょう。

介護うつの予防

介護うつになるまでストレスをためないコツは、自身の健康維持と、人とのつながりを絶たない工夫です。介護中心の生活から発想を転換して、「介護」を生活の一部にとらえるようにすると、心の負担が軽くなります。

①介護をみんなで負担する

自分１人が介護を負担しないで、家族で協力して行う

②引きこもらないようにする

引きこもりがちな老老介護は、近所や家族と交流を絶やさない

③困ったら専門家に相談

気分がすぐれなかったら、医療関係者やケアマネジャーなどに、すぐに相談する

④自分の時間を持つ

介護から離れて、趣味をしたり旅行に出たりして自分だけの時間を持つようにする

介護うつの発見

長く介護を続けると自分を追い込み、「うつ病」にかかりやすくなります。生活全般に対する興味ややる気が薄れ、うつうつとしてしまいます。介護の質も低下し、要介護者の症状も悪化する恐れがあります。こんな症状が出たら保健師や医療関係者に相談しましょう。

①睡眠障害

夜、寝つけない。あるいは朝、早く目が覚めてしまい、眠った感じがしない

②食欲不振

食欲がなく食事がとれない。体重も減り、顔色もすぐれない

③意欲減退

何をするにも億劫な感じがあり、体を動かすとすぐに疲れてしまう

④死を連想

生きていることが辛くなり、「いっそ死んだらラクだ」とくり返し思ってしまう

1-⑤

「虐待しないか」心配になったら

大事な3つ

①虐待を行うのは、介護に熱心に取り組んでいる家族が多い
②虐待を回避するには疲れをためず、外との交流を絶やさない
③虐待を行ってしまったら「地域包括支援センター」に相談に行く

高齢者への暴行や暴言は、２００６年に施行された「**高齢者虐待防止法**」によって、きびしく罰せられています。

法律で定められた家族による高齢者虐待とは、「①**身体的虐待**」、「②**心理的虐待**」、「③**性的虐待**」、「④**経済的虐待**」、「⑤**介護の放棄**」などです。

この法律ができた背景は、少子化・核家族化により介護者1人の負担が大きくなり、そのストレスから高齢者への「虐待」が増えたことにあります。

虐待の実態を調べると、虐待する人は身近な家族で、介護に熱心な人、家族関係に問題を抱えている人ほど多いことがわかっています。最大の原因は、「**介護疲れ**」と狭い家の中で行われるための「**閉塞感**」です。虐待防止の決め手は、この介護疲れと閉塞感対策です。介護疲れについては、「介護する人の健康管理」（16ページ参照）が参考になります。閉塞感も、家族や友だちとの交流を絶やさないことで緩和させましょう。①～⑤の「虐待」を自覚しヒヤリとしたら、高齢者虐待の窓口となっている「**地域包括支援センター**」に相談しましょう。

こんな行為をしていませんか?

「高齢者虐待防止法」で罰せられます。要介護者にどんな接し方をしているか、振り返ってみましょう。

	具体的な行為
①身体的虐待 **身体を傷つけたり、その恐れのある暴行を加えたりしていませんか?**	・たたく、つねる、殴る、蹴る、やけどを負わせる など ・ベッドにしばりつけたり、意図的に薬を過剰に与える など
②心理的虐待 **暴言や無視により、心理的な外傷を与えていませんか?**	・排せつの失敗などを大げさにとがめる ・子ども扱いしたり、怒鳴ったり、しつこく悪口を言ったりする など
③性的虐待 **わいせつな行為をしたり、させたりしていませんか?**	・懲罰的に下半身を裸にして放置する ・キス、性器への接触、セックスの強要 など
④経済的虐待 **財産を不当に処分したり、財産上の利益を得ていませんか?**	・必要な金銭を渡させない、使わせない ・本人の不動産、年金、預貯金などを勝手に使ってしまう など
⑤介護の放棄 **本人を衰弱させるような減食や放置などの介護の怠りはありませんか?**	・髪やひげが伸び放題だったり、皮ふの汚れが目立つ ・空腹、脱水、栄養失調状態 ・劣悪な住環境での放置 など

●虐待の自覚があったら……

「地域包括支援センター」に相談しましょう。

※地域包括支援センターとは市区町村に複数設置されている介護の相談窓口です。主任ケアマネジャーや社会福祉士、保健師などの専門スタッフが高齢者や家族の総合的な相談を受けつけています。役割の1つとして高齢者の虐待防止や権利擁護のための活動をしています。

1-⑥

介護保険を使って在宅介護を続ける

大事な3つ

①在宅介護を続けるには介護保険の利用が必要
②さまざまなサービスを上手に組み合わせて利用することが大事
③要介護・要支援のサービスは、支給限度基準額内であれば利用料の原則1割負担

病気などによって「**日常生活の動作**（**ＡＤＬ**）」に支障が見られるようになったら、介護保険の申請を考えましょう。いちばん近しい家族が、１人で介護を続けることがありますが、介護中心の生活になることで、外部との交流が減ったり、自分の時間がなくなったりして「**介護うつ**」や「**高齢者虐待**」に追い込まれることがあります。

介護はいつ終わるかわからないものです。在宅介護を続けるには介護保険を利用して、専門職の協力を得ながら生活することが大事です。

介護保険制度の基本は次のとおりです。

①「要介護」・「要支援」の認定を受けた人は、**原則1割負担で介護（予防）サービス**を利用できる
②介護サービスは市区町村に申請し、「**認定**」を**受ける**必要がある
③「**居宅サービス**」や「**施設サービス**」など、さまざまなサービスが利用できる

なお、申請のしかたや費用、サービスの種類などの詳細については、市区町村の高齢者福祉課や介護保険課、地域包括支援センターに相談しましょう。

要介護・要支援のめやすと支給限度額

区分	本人の状態	支給限度基準額（自己負担額）
非該当	自立と判断され、介護保険のサービスは受けられない状態	なし
要支援 1	基本的な日常生活の能力はあるが、身の回りの世話に一部介助が必要	50,320円／月 （自己負担額5,032円）
要支援 2	立ち上がりや歩行などがやや不安定で、排せつ、入浴などで一部介助が必要	105,310円／月 （自己負担額10,531円）
要介護 1	立ち上がりや歩行が不安定。排せつ、入浴などで部分的な介助が必要	167,650円／月 （自己負担額16,765円）
要介護 2	立ち上がりや歩行などが自力では困難。排せつ、入浴、衣類の着脱などで介助が必要	197,050円／月 （自己負担額19,705円）
要介護 3	立ち上がりや歩行などが自分ではできない。排せつ、入浴衣類の着脱などで全体的な介助が必要	270,480円／月 （自己負担額27,048円）
要介護 4	排せつ、入浴、衣類の着脱などの日常生活に全面的に介助が必要	309,380円／月 （自己負担額30,938円）
要介護 5	日常生活全般に全面的な介助が必要。問題行動などが見られ、意思の伝達が困難	362,170円／月 （自己負担額36,217円）

※実際の支給限度基準額は単位数で決められています。1単位あたりの単価は地域やサービスによって異なります。表の限度基準額は最も一般的な1単位10円で計算しています。

1-⑦ 訪問サービスを利用して在宅介護を続ける

大事な3つ

① 訪問サービスをベースにして通所、入所のサービスを組み合わせるとよい
② 訪問介護には「生活援助」と「身体介護」などのサービスがある
③ 訪問を受けることで外部との交流になり、見守りの役割も果たしている

訪問サービスは居宅介護の基本となるサービスで、通所介護、短期入所介護などを組み合わせて、介護を充実させている利用者が多いようです。

訪問サービスのなかで最も多く利用される「**訪問介護**」は、ホームヘルパーや介護福祉士の資格のある人がサービスにあたります。家事などを手伝ってもらう「生活援助」、食事や入浴、排せつなどで介助を受ける「身体介護」、通院などのための「通院等乗降介助」の3種のサービスがあります。

このほか、「**訪問看護**」は看護師や保健師など、「**訪問入浴介護**」は看護師や介護職員、「**訪問リハビリテーション**」は理学療法士や作業療法士、看護師などが訪問し、サービスを行います。退院後の通院が困難なようなら医師、歯科医師、薬剤師、管理栄養士、看護師などが訪問し、「**居宅療養管理指導**」を行うサービスもあります。

ふたり暮らしや、ひとり暮らしの高齢者宅などへの訪問は見守りの役割を果たすうえ、外部との交流にもつながるので、孤立の予防に有効です。

訪問サービスのいろいろ

①訪問介護

ホームヘルパー（訪問介護員）などの訪問を受け、家事の世話や身体介護のサービスを受けます。

■利用できるサービス

（生活援助）

食事の準備／洗濯／掃除／薬の受け取り／衣服の整理／ベッドメイク／日用品の買い物／関係する機関との連絡 など

（身体介護）

服薬の介助／食事・入浴・排せつ介助／衣服の着脱／身体の清拭／洗髪／体位移動／おむつ交換／シーツ交換／外出・通院の付き添い など

（通院等乗降介助）

乗車・降車前後の介助、通院先での受診の手続きなど

②訪問看護

看護師などに訪問してもらい医療的なケアを受けるサービスです。

■利用できるサービス

血圧測定／注射／人工肛門の管理／床ずれの処置／服薬管理／リハビリテーション／体位変換／清潔指導／着替え・食事・排せつ・入浴の介助

③訪問入浴介護

看護職員と介護職員に自宅などに来てもらい、持ち込まれた浴槽や入浴車で入浴の介助を受けます。

※部分浴・清拭は全身浴の基本料金の70%で受けることができる。全身浴と組み合わせると、経費の節減ができることもある

④訪問リハビリテーション

理学療法士などの訪問を受けて、自宅などでリハビリを行います。

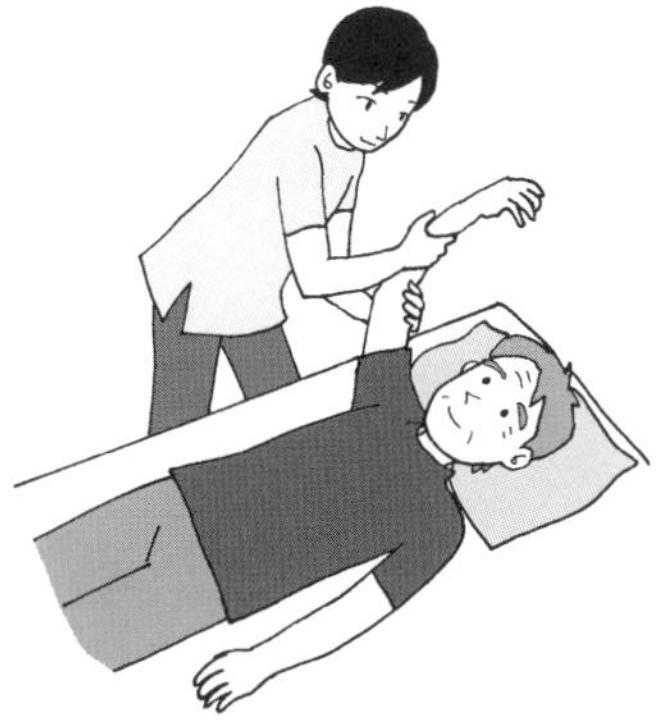

⑤居宅療養管理指導

通院が困難な場合に、医師、歯科医師、薬剤師、管理栄養士、看護師が訪問します。

1-8

通所サービスを利用して在宅介護を続ける

大事な3つ

①通所施設で知り合った人との交流が、生きがいや元気につながる
②要介護者が通っている時間、家族は介護から解放される
③認知症の人は「認知症対応型」の通所介護施設を選ぶことができる

「**通所介護（デイサービス）**」は施設に通い、身体介護などを受けて過ごします。「**通所リハビリテーション（デイケア）**」は、施設に通い機能訓練を受けるサービスです。これらの通所系のサービスは、利用者が日帰りで施設を利用するもので、施設に送迎を依頼できます。デイサービスは通常1日9時間まで、デイケアは8時間まで利用できます。

要介護度が高い人ほど閉じこもりがちになるので、施設での出会いが、生き生きした生活づくりのきっかけになります。

その間、介護する家族も仕事や家事、買い物などでリフレッシュできるメリットがあります。とくに目が離せないことで、ストレスを抱えがちな認知症の家族にはとても助かるサービスです。

ケアプランに通所サービスを組み込み、「月曜と木曜は通所の日」と決めれば、本人も楽しみにするし、介護者も1週間の生活にメリハリがつけられます。

また、認知症の人は専門の介護士などがいる「**認知症対応型**」の通所介護施設を選ぶこともできます。

通所サービスのメリット

①交流によるリフレッシュ

高齢者同士や職員との交流により、楽しい時間を過ごすことができます。

②機能回復も期待できる

通所介護、通所リハビリテーションでは、リハビリや創作活動などにより、機能回復が期待できます。

③家族は息抜きができる

介護から解放され、自分の時間を持つことができストレス解消になります。

④通所施設では入浴できる

施設によっては介助により入浴をさせてもらえます。

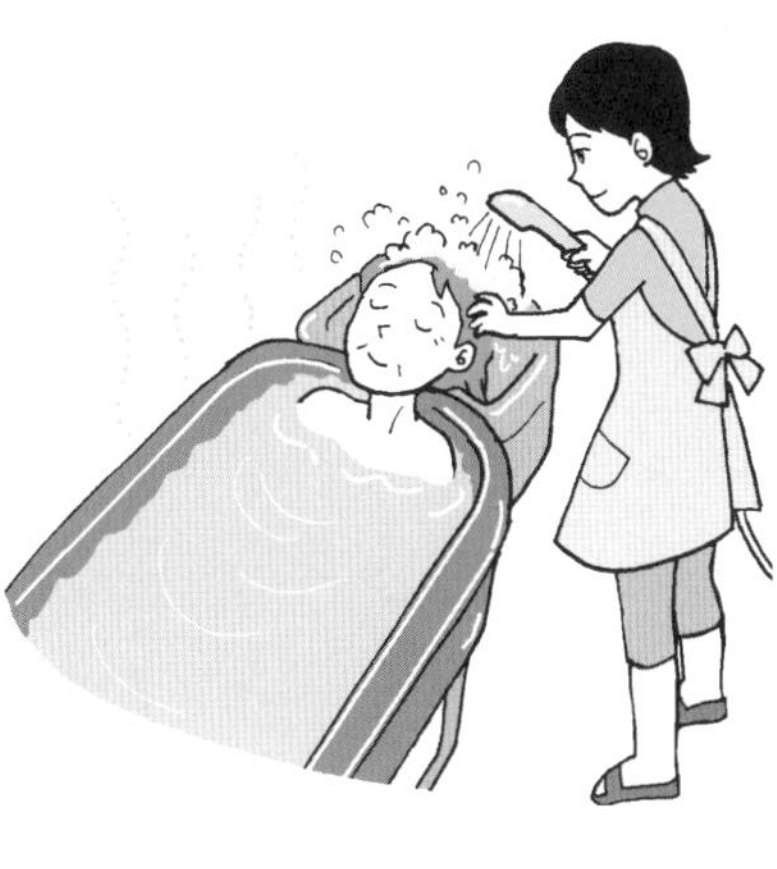

1-⑨

短期入所サービスを利用して在宅介護を続ける

大事な3つ

①短期入所サービスには「生活介護」と「療養介護」の2タイプがある
②介護者が入院したり、虐待の心配が出てきたりしたら利用したい
③短期間でも、認知症などの症状が悪化するケースもある

「短期入所（ショートステイ）サービス」は利用者が一時的に施設に入所して、介護を受けるサービスです。通所介護に比べて活動が単調なので、「暇でつまらない」という印象がもたれがちです。

ただ、介護する人にとっては一定期間利用することで、介護から一時避難できるメリットがあり、介護疲れが深刻になってきたら考えたいサービスです。短期入所サービスには、医療的なケアの有無で2つのタイプがあります。

●短期入所生活介護

要介護者が「介護老人福祉施設（特別養護老人ホーム）」などに短期間（1週間程度）入所し、食事や入浴、排せつなどの介助やレクリエーション、機能訓練などを受けます。

●短期入所療養介護

医療系ショートステイともいわれ、医療ケアの必要のある要介護者が、介護老人保健施設や介護療養型医療施設、介護医療院などに短期間入所して介護や看護を受けるサービスです。

短期入所サービスを考えるとき

①虐待にヒヤリとしたら

限られた住環境で24時間365日介護が続くと、介護疲れから虐待につながるケースもあります。1週間でも介護から離れることで、追い詰められた状態から一時避難できます。

②介護者の入院など

介護者の休息のほか、主たる介護者の入院や、老老介護での介護者の体調不良、あるいは法事、冠婚葬祭などで一時介護ができなくなったとき、役立ちます。

短期入所で注意したいところ

①本人が納得しているか

在宅を希望する要介護者は、一時的でも施設への入所には抵抗を示すことがあります。認知レベルがある程度保たれている要介護者であれば、緊急避難でない場合は、事前に相談し、納得したうえで入所してもらいましょう。

②認知症などの症状が進む恐れもある

認知症の人は環境の変化によって、症状が悪化することがあります。「心の安定」を図るために、入所の際にふだん使っている枕や目覚まし時計など、ベッド周りの生活用品が持ち込めるかどうか確認しましょう。

1-⑩

地域密着型サービスを利用して在宅介護を続ける

大事な3つ

①同じ1つの施設(拠点)で、通所、訪問、宿泊のサービスが受けられる
②自宅にいながら夜間でもナースコールのようなサービスが受けられる
③認知症の人でも、住み慣れた地域で暮らせるサービスが充実している

地域密着型サービスは、ひとり暮らしや認知症の高齢者でも、可能な限り住所地の市区町村で暮らしていけるように整備されたサービスです。

地域を離れず暮らしたいという高齢者や、支える家族にとってとくに役立つのは、通所、訪問、宿泊などの多種のサービスを1つの拠点で受けられる「**小規模多機能型居宅介護**」と、夜間でも訪問サービスが受けられる「**夜間対応型訪問介護**」です。さらに、小規模多機能型居宅介護に訪問看護を組み合わせた「**看護小規模多機能型居宅介護**」があります。

また、認知症の高齢者が利用しやすいのも地域密着型サービスの特長で、地域で共同生活する「**認知症対応型共同生活介護**」や、認知症専門のケアが受けられる「**認知症対応型通所介護**」があります。

住み慣れた地域にある小規模(29名以下)な特別養護老人ホームに入所してサービスを受ける「**地域密着型介護老人福祉施設入所者生活介護**」や、小規模の有料老人ホームで生活し、介護や生活上の世話を受ける「**地域密着型特定施設入居者生活介護**」のサービスもあります。

地域密着型サービスのいろいろ

①小規模多機能型居宅介護

住み慣れた地域にある、小規模な施設に日帰りで通う（通所）ことを中心に、状況に応じて泊まったり、自宅に訪問を受けたりしながら介護を受けます。1つの拠点で「通所」「訪問」「宿泊」などのサービスが受けられます。

②認知症対応型共同生活介護（認知症高齢者グループホーム）

認知症の高齢者が、家庭的な環境で共同生活しながら、介護や日常生活上の世話を受けます。(詳しくは94ページ)

③看護小規模多機能型居宅介護

小規模多機能型居宅介護に訪問看護を組み合わせたサービスです。認知症の中でも医療ニーズの高い利用者に向いています。

④地域密着型介護老人福祉施設入所者生活介護

住み慣れた地域にある小規模な特別養護老人ホーム(定員29名以下)などに入所している人が、介護や日常生活の世話を受けます。

⑤夜間対応型訪問介護

夜間、定期的に、あるいは緊急の事態があったときに連絡することでホームヘルパーが訪問し、介護や日常生活上のお世話を受けることができます。決まった時刻のほか、必要時に訪問してもらえます。施設入所時のナースコールのような対応が受けられるサービスです。

⑥定期巡回・随時対応型訪問介護看護

24時間体制で、定額で1日に何度でも訪問介護と訪問看護を利用できます。

⑦認知症対応型通所介護

認知症の高齢者が住み慣れた地域にあるデイサービスセンターなどに日帰りで通い、家庭的な環境のもとできめ細かな認知症ケアが受けられます。

⑧地域密着型特定施設入居者生活介護

住み慣れた地域にある小規模な有料老人ホーム（定員29名以下）などに入居している人が、介護や日常生活の世話を受けます。

1-⑪

福祉用具貸与・住宅改修の支援を受ける

大事な3つ

①車いすなど福祉用具が原則1割の負担で借りることができる
②便器などレンタルにふさわしくないものは原則1割負担で購入できる
③住宅改修費は、要介護度を問わず20万円（原則1割負担）まで給付がある

運動機能が低下した高齢者にとって、車いすや歩行器などの福祉用具は、自立した生活をするために必要です。家族にとっても、介護の負担を軽減するのに役立ちます。また、寝たきりになる原因の1つである転倒事故を防ぐには、高齢者の運動機能に合った住宅の改修も必要になります。

この2つにかかる費用は、自宅で生活する高齢者にとって欠かせないものなので、介護保険では一定の援助をしてくれます。

貸与の対象となる車いすや、特殊ベッドなどの「**福祉用具**」はレンタルでき、その費用は要介護度の区分による限度内であれば、1割負担※で借りられます。また、レンタル向きではない腰かけ便座などの「**特定福祉用具**」は、年間10万円まで1割負担※で購入できます。

いっぽう、手すりや段差解消などの「**住宅改修費**」は、要介護の区分にかかわらず20万円（1割自己負担※）まで給付が受けられます。要介護度が3段階上った場合や、転居した場合には、新たに20万円（1割自己負担※）の給付が受けられます。

※一定以上の所得がある人は自己負担額が2〜3割となる

福祉用具

特定福祉用具のいろいろ	介護保険適用の福祉用具レンタル品
①腰かけ便座 ②自動排泄処理装置の交換可能部品 ③入浴補助用具 ④簡易浴槽 ⑤移動用リフトのつり具の部分	①車いすとその付属品（※） ②特殊ベッドとその付属品（※） ③床ずれ防止用具（※） ④体位変換器（※）　⑤手すり ⑥スロープ（●）　⑦歩行器（●） ⑧歩行補助つえ（●） ⑨認知症老人徘徊感知機器（※） ⑩移動用リフト（※） ⑪自動排泄処理装置（要介護4以上） （※）印の用具は例外を除いて要支援～要介護1の認定者は適用されません。 （●）印の用具は貸与と購入のいずれかを選択できます。

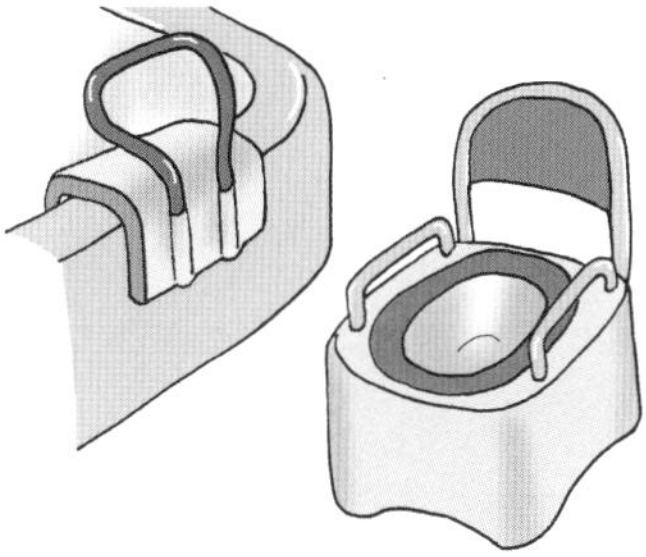

住宅改修

住宅改修から保険金給付まで

①介護認定
②ケアマネジャーへの相談
③改修事業者を交えた打ち合わせ
④市区町村への申請
⑤工事実施
⑥業者への支払い（利用者がいったん払う）
⑦住宅改修費の支給申請
⑧住宅改修費が振り込まれる（所得により9～7割戻る）

介護保険給付対象の住宅改修

①手すりの取りつけ
②室内の段差解消
③すべり防止や移動の円滑化のための床材の変更
④引き戸などへの扉の取り替え
⑤洋式便器などへの便器の取り替え
⑥これらに付帯して必要となる住宅改修

1-⑫

判断力が低下したら成年後見制度を利用する

大事な3つ

①判断力が衰えた人の財産を守るためには「成年後見制度」が有効
②「法定後見制度」の後見人は手助けできる範囲によって3つの分類がある
③将来、判断力の低下に備えるために「任意後見制度」がある

認知症などによって判断力が低下している高齢者が、悪徳業者から高額な商品を買わされたり、不必要なサービスを契約させられたりする被害が多発したために、2000年に制度化されたのが「**成年後見制度**」です。この制度は、現在、判断力が衰えた人を対象にした「**法定後見制度**」と、将来のために準備しておく「**任意後見制度**」があります。

法定後見制度は本人の判断力によって、「**後見**」、「**保佐**」、「**補助**」という3つの法定後見人の分類がありま す、それぞれ後見人が手助けできる範囲に制限があります。法定後見制度を利用するときは、本人の住所地の家庭裁判所に、後見開始の審判等を申し立てる必要があります。申し立てから審判の確定まで3～4カ月かかります。

もう1つの任意後見制度は、信頼できる人と任意後見契約を結び、公正役場で公正証書を作成し法務局に登記します。やがて判断力が低下してきたら、裁判所に申し立てると任意後見人の仕事をチェックする監督人が選任され、後見人は本人に代わって財産管理などを行います。

法定後見人の種類

類型	後見	保佐	補助
対象になる人	判断能力が欠けているのが通常の人	判断能力が著しく不十分な人	判断能力が不十分な人
申し立て人	本人、配偶者、四親等内の親族、市区町村長 など		
申し立て時の本人の同意	不要	必要	
後見人の同意(取消)が必要な行為	日常生活に関する行為以外の行為	民法13条1項（借金、訴訟行為、相続の承認・放棄、新築・改築　など）に定める行為	民法13条1項に定める行為の一部 ※本人の同意が必要
代理権の範囲	財産に関するすべての法律行為	申し立ての範囲内で、家庭裁判所が定める特定の法律行為	

任意後見人制度の流れ

①任意後見人
いまは元気だが、将来認知症などによって判断力が不十分になることに備える

②任意後見契約の締結
信頼できる人（家族、友人、弁護士、司法書士など）と任意後見契約を締結。公正証書を作成し法務局に登記する

③認知症のきざし
判断能力が欠けた状態が日常化する

④家庭裁判所に申し立て
家庭裁判所が選任した任意後見監督人が任意後見人の仕事をチェックする

⑤任意後見人が契約を実行する
任意後見人が任意契約に定められた財産管理などの仕事を実行する

1-⑬ 日常生活自立支援事業を利用する

大事な3つ

①金銭の管理が難しくなったら代行してくれる公的サービスがある
②福祉サービスを利用するときの手続きも代行してくれる
③年金を使って自宅で生活を続けたいと願う高齢者に向いている制度

認知症の高齢者は、症状が進むと、整理して考えたり、計算などに支障が生じます。買い物でお釣りがわからない、説明を聞いても混乱してしまう、さらにもっと厄介な問題が発生するようになったら、周囲のサポートが必要です。

こうした認知症の高齢者が利用できる、公的なサービスの1つが「**日常生活自立支援事業**」です。福祉サービスの申し込みの手続きや日常生活の金銭の管理を代行してくれ、ひとり暮らしや高齢者の2人世帯に便利です。

サービスは3タイプで、介護サービスなどをどうやって受けたらいいかわからないときに便利な「①**福祉サービスの利用援助**」、医療費の支払いや、預貯金の出し入れの管理などの「②**日常的金銭管理サービス**」、そして通帳や実印を預かってもらう「③**書類等の預かりサービス**」があります。

本人と地域の社会福祉協議会との契約で、契約を結ぶ能力のある間に使わなければなりません。あまり大きな資産はないが、年金を使ってできる限り自宅で生活をしたいと望む高齢者に向いています。

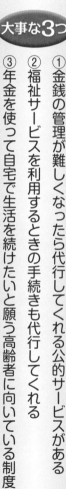

サービスのいろいろ（例）

①福祉サービスの利用援助　1回1,200円

・福祉サービスを利用したり、利用をやめるために必要な手続き
・福祉サービスの利用料を支払う手続き
・福祉サービスについての苦情解決制度を利用する手続き
・年金および福祉手当の受領に必要な手続き

②日常的金銭管理サービス　1回1,200円

・医療費、税金、社会保険料、公共料金などを支払う手続き
・上記の支払いにともなう預貯金の預け入れ など

③書類等の預かりサービス　貸金庫代　1カ月1,000円程度

【預ってもらえるもの】
年金証書・預貯金の通帳・権利書・契約書類・保険証書・実印、銀行印
・そのほか社会福祉協議会等が適当と認めた書類

※利用料は平均で、市区町村によって違います。貸金庫代は東京都社会福祉協議会の資料を参考にした金額。

スタートまでの流れ

①申し込み
住所地の**社会福祉協議会**に相談する

②訪問調査
専門員が来て、困りごとの相談に乗ってくれる

③契約締結審査会による審査
審査が行われる

④支援計画作成
本人の希望に沿った計画書を専門員が作成（無料）

⑤契約
本人と社会福祉協議会などが契約を結ぶ

⑥サービス開始
サービス（有料）がスタートする

1-⑭

認知症のひとり暮らしが困難になるめやす

大事な3つ

①認知症でも初期ならひとり暮らしは可能です
②BPSDが進行したら、同居や施設への入所も考えましょう
③ひとり暮らしを続けられるか、かかりつけ医に相談しよう

認知症と診断されても、記憶がおぼつかない程度の初期ならひとり暮らしに支障はないでしょう。近隣に住む家族などのサポートで十分に自立生活を送ることができます。

ひとりで暮らす親が認知症になり、同居をすすめたために環境の変化が原因で認知症が悪化するケースもあります。

転居などの環境の変化が認知症を悪化させることもあります。すぐに同居と考えずに、認知症の進み具合に気をつけながら、近くで見守っていく介護方法もあります。

初期から中期に入り、BPSD（行動・心理症状）が見られ進行するようになったらひとり暮らしを続けられるか検討する必要があります。

本人の健康や安全が損なわれたり、近隣の人に迷惑がかかる心配がでてきたら対策が求められます。

ケアマネジャーや地域包括支援センターに相談するとともに、自立生活が可能かどうかは医師などの意見も参考にします。本人に納得してもらう際にも、医師の意見は大きな影響があります。

ひとり暮らしを見直すめやす

①身体が衰弱してきた

起き上がれず、ベッドでの生活が中心になってきた

②失火などの心配が出てきた

火の始末や電気やガスの扱いがわからなくなった

③徘徊《はいかい》が多くなった

外に出たまま道に迷い、帰れないことが多くなった

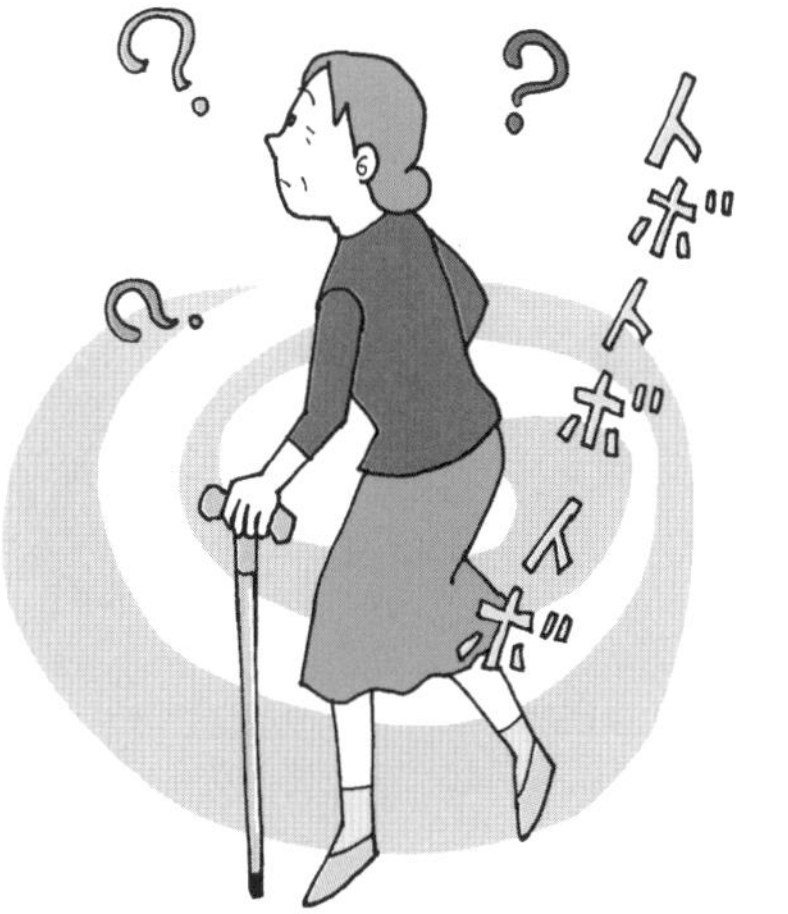

④近隣に迷惑をかけている

火の始末やゴミ収集など近所に迷惑をかける心配が出てきた

1-⑮

同居介護を続けるための工夫と限界

大事な3つ

①身近にいる安心感のある同居介護は、プラス面の多い介護のかたち
②主たる介護者の負担が大きいので、家族はできるだけ協力する
③共倒れの心配が出てきたら、施設への住み替えを考える

介護が必要になった高齢者を同居する家族がケアする「**同居介護**」は、本人も介護者も親しい人がそばにいる安心感があります。

ただ、いっしょに暮らすストレスから日常生活に余裕がなくなり、「**介護疲れ**」や「**共倒れ**」の心配も出てきます。また、同居する要介護者の娘や嫁が主たる介護者になったとき、1人で負担を抱えることが多くなり、仕事との両立に支障がでて、ストレスが集中します。

そうならないためには、同居家族や同居していないきょうだいなどにも協力を仰ぎ、介護の手を増やすことが大事です。介護保険の訪問介護や通所介護を利用し、閉鎖的になりがちな同居のマイナスを解消するようにしましょう。

主たる介護者は健康管理に気をつけ、共倒れを回避しましょう。

要介護者の機能の低下や認知症が進み家庭での介護が困難になったときや、介護者の体調も悪く共倒れの心配が出てきたら、要介護者の施設への住み替えも選択肢の1つになるでしょう。

同居介護の工夫と限界

同居介護

プラス面	①家族といっしょなので**安心感**がある	②緊急事態に**迅速な対応**ができる	③日常生活のなかで**いつでも介護ができる**

マイナス面

①閉鎖的になることが多い	②介護疲れと共倒れの危険も
介護者と要介護者が同じ家で過ごすことで、外部との交流が少なくなり、介護者は精神的に追い込まれてしまいます。主たる介護者が1人で抱え、同居するほかの家族からも孤立することも。	日常のなかに介護があるため、介護者自身の「疲れの慢性化」と「共倒れの危険」が出てきます。介護の意欲が減退し、ストレスが要介護者に向かう心配も出てくるので注意しましょう。

マイナス面への対処

①介護の負担を振り分ける
介護を1人で抱え込まず、同居家族、別に住むきょうだいなどに振り分ける

②訪問サービスを利用する
定期的にヘルパーが訪れることで、家が閉鎖的になることを防げる

③通所や短期入所サービスを利用する
要介護者と離れることで、家族は介護から一時的でも解放されリフレッシュできる

④介護者は健康管理を心がける
介護する人は、共倒れにならないように日ごろから健康管理を怠らないようにする

もう限界!!

住み替えを考えるとき

家族が慢性的な疲れから病気になったり、介護うつなどにより介護への意欲が急速に落ちたら、家庭での介護が難しくなります。高齢者専門の施設への住み替えを考えるときです。

1-⑯

近隣・近距離介護を続けるための工夫と限界

大事な3つ

①同居よりも介護の負担が少ない近隣・近距離介護は、最近多いスタイル
②子どもが複数いる場合は、主たる介護者が決まらず混乱することもある
③施設への住み替えを決断するときも家族がよく話し合って決める必要がある

介護される親、介護する家族、いずれの自立性も保たれる「**近隣・近距離介護**（通い介護）」は、最近多く見られる介護スタイルです。とくに子どもが複数いて、近隣・近距離に住む場合、全員が等距離に実家とつき合い、同じ程度の介護を負担するケースが理想的です。1家族の負担は小さく、介護ストレスなども比較的少ないからです。

しかし、介護の負担の分散が、いっぽうで責任の分散にもなりがちです。主たる介護者の役割をだれも担わないために、決断が遅れたり、医師や介護関係者への要望が、介護者によって違ってくるというデメリットも心配されます。

また、要介護者の生活に対して長男はきびしい態度、長女は甘く、次男は無関心といったバラバラの接し方をすると、本人もとまどい不安を募らせる結果になります。認知症が進む心配もあります。

介護の方針が決まらないための混乱を回避するには、介護する家族がよく話し合い、意思を統一しキーパーソンを決めておく必要があります。施設へ住み替える場合も、よく話し合って決めましょう。

近隣・近距離介護の工夫と限界

近隣・近距離介護

プラス面	①要介護者は**ほどよい自立意識**がもてる	②日常と介護が分けられるので**追い込まれない**	③近くなので介護者も要介護者も**安心できる**

マイナス面

①主たる介護者があいまいになる	②きめの細かい見守りができない
要介護者の住まいから近い世帯ほど、介護の負担がかかります。そこが主たる介護者ともいえない場合、だれが方向を決めるかあいまいになり、大事な決断が遅れがちになります。	近い距離でも同居でないので、日常の観察で見落とすことがあります。近隣に住む家族が交代で介護を行っても、声かけや安否確認など、細やかな見守りをおろそかにしてしまうことがあります。

マイナス面への対処

①家族は定期的に話し合いをする
複数の家族が近距離にいる場合、定期的に介護の方針を話し合うと適切な介護ができる

②主たる介護者をはっきりさせる
主たる介護者を決めれば、ケアマネジャーなどとの打ち合わせがスムーズになる

③交代で効率よく介護する
主たる介護者が交代することで、家族は介護から解放されリフレッシュできる

④介護保険も利用してメリハリをつける
家族だけでなく介護保険を使えば、訪問・通所などメリハリのある介護ができる

もう限界!! 住み替えを考えるとき

主たる介護者が決まらないまま要介護状態が進むと、同居でない分、細やかな介護ができず、介護の手がある施設などへの住み替えも、選択肢の1つとして検討する必要もでてきます。

1-⑰

遠距離介護を続けるための工夫と限界

大事な3つ

①仕事や家庭の事情で実家に戻れず、遠距離で介護するケースが増えている
②実際に世話をする介護の負担は少ないが、経済的な負担が大きい
③ひとりやふたり暮らしが困難になったら、施設への住み替えを考える

地方から都会に出てきたりして、親と離れて暮らすようになって数十年、ある日親が倒れ介護が必要になったとき、決断が迫られます。

仕事や家族の関係で、実家に戻るのは不可能。といって、親も住み慣れた土地を離れ、知らない土地に移るのを望みません。そこで、遠距離を定期的に通い世話をする「**遠距離介護**」がスタートします。

遠距離介護のメリットは、要介護者も介護者も現在の生活を変える必要がない点にあります。介護の負担も同居に比べてずっと少なく、その分、介護の実際は、介護保険や民間のサービス、近所の見守りなどに頼ることになります。

デメリットは交通費や電話代、介護保険や民間のサービスを利用することで、かなりの出費があることです。さらに離れて暮らしているため、サービスの内容をチェックできなかったり、緊急のときすぐに駆けつけられなかったりします。

親の要介護度が進み、ひとり暮らしが困難になったとき、施設への住み替えを考える人が多いようです。

遠距離介護の工夫と限界

遠距離介護

プラス面		
	①家族も要介護者も**現在の生活を継続できる**	②家族は**介護一色にならない**

マイナス面

①4つの負担がある	②日常の世話ができない
実家に住む老親の介護を遠方に住む子どもが行うとき、帰省にともなう「経済的」「時間的」「体力的」負担に加え、離れているためのイライラからの「精神的」負担が心配されます。	日常の世話は公的サービスが中心になります。近くにいないため、介護の内容がチェックできにくい点があります。また、緊急事態に対処できなかったり、駆けつけられないマイナス面があります。

マイナス面への対処

①事業所との連絡を密にする
定期的に連絡をし合うなど介護事業者との連絡を密に、常に本人の体調などを把握する

②資金計画をきちんと練る
往復の交通費や電話代、各種のサービス費用などを計算して、無理のない資金計画を立てる

③毎月、訪問する日を決めておく
第1土曜日などと訪問日を決めておくと、要介護者も自分のペースをつくりやすい

④近所の人に見守りをお願いする
訪問するときは近所などに顔を出し、交流を絶やさずにいれば、いざというとき安心

もう限界!!

住み替えを考えるとき

経済的な負担が抱えきれなくなったときや、認知症などが進み、ひとりで暮らすのが困難になったら、家庭での介護が難しくなります。住み替えを考えるときです。

1-⑱ 老老介護を続けるための工夫と限界

大事な3つ

①介護保険を使い、人の出入りを多くし、外との交流を心がける
②家のなかで事故が起きないように住宅改修などを行う
③体力的に介護が難しくなったときどうするか、あらかじめ検討する

子どもがいない夫婦、子どもが遠くに暮らす夫婦。夫婦のどちらかが倒れたとき、高齢のもう1人が介護の担い手になります。それが「**老老介護**」です。

体位変換などの身体介護は、体力的に難しくなります。心配されるのは介護疲れからくる「共倒れ」です。また、外出の機会が減ることから近所との交流も減り、家は閉鎖的になりがちです。不注意による転倒事故や失火などの危険も増します。

介護のポイントは引きこもり状態にならないように、人の出入りを多くすることです。訪問サービスや通所サービスを利用し、外部との交流をひんぱんにするのが、引きこもり防止や転倒事故などの発見に役立ちます。また、夜間に訪問してくれるサービスを利用すれば、不安な夜も対応してもらえます。

ただ、要介護者の状態が悪化し、体力的にも精神的にも介護が困難になる日がいつか来ます。その際にどうすべきか、ケアマネジャーなどに相談しておくとあわてずに済みます。どんな施設を選んだらいいか、介護者もいっしょに住み替える方法はどうか、なども検討しておきましょう。

老老介護の工夫と限界

老老介護

プラス面

①**自立した生活**が確保できる	②変化が少ないが**穏やかな生活**ができる

マイナス面

①家庭内の事故などが心配	②閉鎖性と共倒れの心配がある
転倒による骨折や失火、ガス漏れなどの事故が起きやすい。起きたときにすぐに対処できず、惨事になる危険があります。浴室での溺死の心配もあります。また消費者詐欺なども心配です。	外の人との交流が減り、閉鎖的になりがちです。また、介護者も高齢だと、介護疲れや体力の低下で病気になりがちで、共倒れの心配も出てきます。

マイナス面への対処

①**人の出入りを多くする**
介護保険のサービスを利用したり、民生委員に来てもらうなど家の出入りを多くし閉鎖性をなくす

②**定期的な見守りサービスを受ける**
地域密着型の夜間訪問介護サービスなどを利用し、定期的な見守りを受ける

③**住宅改修を検討する**
手すりの設置やトイレの洋式化、電磁調理器など、家庭内の事故が起きにくい住まいにする

④**成年後見制度を利用する**
悪徳商法などから身を守り、自分の資産を有効に活用することができる(32ページ参照)

もう限界!! **住み替えを考えるとき**

要介護度が進み、介護する側の体力・気力に限界がきたら、住み替えを考えるときです。夫婦いっしょに住み替えることができる有料老人ホームもあります。

1-⑲

在宅介護が難しくなったら施設を考える

大事な3つ

① 在宅介護が難しくなったら施設への住み替えも選択肢の1つとして考える
② 介護側の都合だけでなく、本人の要介護度の改善などを目的に考える
③ 施設と家族で、行き届いた新しい介護をスタートさせるという発想もある

施設への入所やホームへの入居は、否定的にとらえられる傾向があります。家族は親や配偶者を見放すのではないかと自身を責めるからです。

はたして施設への住み替えが介護放棄になるのでしょうか？　また、高齢者にとって不幸なことなのでしょうか？　家族にとっては介護の負担が軽減できるメリットがあります。それでは、介護される本人にとってはどうなのでしょう？　「どこに住むのが幸せか？」「穏やかに暮らせるのはどこか？」といった視点から、本人の希望をよく聞き、今後の生活をプランニングすることが大事でしょう。

交流できる相手が多い施設への住み替えがきっかけで、いきいきとした生活を取り戻した高齢者のケースも少なくありません。また、高齢者施設への住み替えや病院などへの入院によって、病気や症状が改善する例も少なくないのです。

さまざまな理由で在宅介護が困難になるときが来ますが、施設への住み替えを「介護放棄」ととらえるのではなく、**「施設と家族で新しい介護を始める」**という考え方もあるでしょう。

家族が施設を考える一般的なケース

①介護側に問題が発生した

介護する家族が病気になったり、転勤になったりして介護が継続できなくなったケース

②認知症が進んだ

徘徊《はいかい》などを起こすので家族の負担が大きくなり生活が困難になったケース

③身体の機能が低下した

身体の機能が著しく低下し、日常生活全般に大きな介護力が必要になるケース

④本人が希望するケース

自立度が高く、自分で施設への住み替えを希望するケース

介護のお金 ①

介護保険の負担を軽減できるしくみがある

介護保険のサービスをいろいろ組み合わせて使うと、利用負担額は高額になります。もし1カ月に利用した1割（または2〜3割）の自己負担額が下記表の限度額を超えたら、超えた分は申請よって払い戻されるしくみがあります。「**高額介護サービス費**」と呼ばれる制度です。

高額介護サービス費・自己負担の上限額

区分		負担の上限（月額）
現役並み所得者に相当する人がいる世帯の人	課税所得690万円以上	140,100円（世帯）
	課税所得380万円〜690万円未満	93,000円（世帯）
	課税所得145万円〜380万円未満	44,400円（世帯）
世帯内のだれかが住民税を課税されている人		44,400円※（世帯）
世帯の全員が住民税非課税		24,600円（世帯）
	・老齢福祉年金を受給している人 ・前年の合計所得金額と公的年金等収入額の合計が年間80万円以下など	24,600円（世帯） 15,000円（個人）
生活保護の受給者など		15,000円（個人）

高額医療・高額介護合算療養費制度

同じ世帯で１年間の医療費と介護保険の自己負担額の合計が著しく高額になった場合、その額が「高額医療・高額介護合算療養費制度」の自己負担限度額を超えたら、申請によって、限度額を超えた金額が支給されます。限度額など制度については、市区町村の窓口にお尋ねください。

※同世帯内で異なる医療保険に加入している家族の合算は認められません。

第2章

住み替え先選びのポイント

住み替えのポイント

まだ元気

（介護が不要・要介護度が低い）

・自宅で介護
・ひとり暮らし

介護が必要でも自宅での生活が続けられる➡P9-47

元気なうちから住み替え

シニア向け住宅

サービス付き高齢者向け住宅 ➡P174・176
民間事業者などによって運営され、都道府県単位で認可・登録されたバリアフリー対応の賃貸住宅。生活相談員が常駐し、入居者の安否確認や生活支援サービスを受けることができる

ケアハウス ➡P178
福祉施設の一種で、多くがバリアフリー仕様。所得に応じた負担なので、低額で利用できる場合もある

シルバーハウジング ➡P180
高齢者向けの公営・公団賃貸住宅。バリアフリー仕様で、日常生活支援のサービスも提供

グループリビング ➡P182
自立度の高い高齢者が暮らす共同住宅。物件によってサービスはさまざま

住宅型有料老人ホーム ➡P102
介護が必要になったら介護保険の居宅サービスが利用できる老人ホーム

健康型有料老人ホーム ➡P104
健康で自立した生活のできる高齢者だけを受け入れる老人ホーム。併設の介護付き有料老人ホームに移れるタイプが多い

シニア向け分譲マンション ➡P172
バリアフリー仕様やさまざまなサービスをとりそろえた高齢者向けの分譲マンション

要介護度が
高くなった

介護が必要になった!!

要介護度が高くなった

特定施設

介護付き有料老人ホーム
➡P100
ホーム職員から24時間介護を受ける「一般型」がいちばん数多く、要介護者のみを受け入れる「介護専用型」、自立から要介護まで入居できる「混合型」などがある

(特定施設の指定を受けた)サービス付き高齢者向け住宅 ➡P174･176
特定施設の指定を受けた住宅をはじめとする、介護サービスを充実させた住宅

(特定施設の指定を受けた)介護型ケアハウス
➡P178
特定施設入居者生活介護サービスが利用できる、介護付きケアハウス。要介護者だけを受け入れるところもある

介護保険施設

特別養護老人ホーム
➡P88
重介護の人を中心に受け入れ、サービスが手厚く人気が高い。待機者も多く入所条件は厳しい

介護老人保健施設 ➡P90
病状の安定した高齢者が、自宅復帰を目指すためのリハビリ施設

介護医療院 ➡P92
医療と介護の両方のニーズに応える施設

グループホーム

認知症高齢者グループホーム ➡P94
認知症高齢者が、少人数による家庭的環境の中で共同生活するホーム

2-①

高齢者の住まいはいろいろなタイプがある

大事な3つ

①介護保険施設は、要介護度が低いと入所は困難
②介護保険を利用できる高齢者向け住宅が多い
③有料老人ホームのサービス・価格は多様化した

高齢者が住み替えを考えたとき、どんな施設や住まいがあるのか知っておきたいところです。

高齢者の住まいとしては、有料老人ホームがよく知られていますが、特別養護老人ホームなどの介護保険施設も一般的になってきました。ほかに高齢者向けの住まいとしては、高齢者だけが賃貸で住める住宅や、高齢者向け分譲マンション、高齢者向けアパート（共同住宅）などさまざまなタイプがあります。建物はバリアフリーで、日々の世話をしてくれる職員が日中にいる**サービス付き高齢者向け住宅**も増えてきました。そのなかで住み替える本人にいちばん合った住まいを探すことが大切でしょう。

どんな住まいを選んだらいいか。高齢者の場合の住み替えのポイントは、介護が必要かどうかです。現在も、将来にわたっても介護の心配はまったくしていない、というのは少数派です。大多数は「**①現在、介護が必要**」、「**②現在は必要ではないが将来は心配**」の2派のタイプに分かれるでしょう。では、その2つのタイプにはどんな住まいがあるのか見てみましょう。

介護が必要になってからの住まい

要介護度が進み、在宅介護が難しくなってから入所・入居できる代表的なものには、介護保険施設と介護付き有料老人ホームなどの特定施設があります。

介護保険施設には要介護度の高い高齢者が入所して、施設サービスを受ける特別養護老人ホーム、介護老人保健施設、介護医療院などがあります。ほかには、市区町村の住民だけが利用できる地域密着型サービスの認知症高齢者グループホームがあります。

特定施設とは、都道府県から介護保険の「特定施設入居者生活介護」のサービスが行える指定を受けた施設のことです。パンフレットなどに「介護付き有料老人ホーム」とうたっていたら、「特定施設入居者生活介護」のサービスが受けられるホームということです。（62ページ・100ページ参照）

指定施設は有料老人ホームだけではなく、サービス付き高齢者向け住宅やケアハウスにもあるので、介護の心配のある人は、その住まいが「特定施設」かどうかを基準に選ぶと手厚い介護が期待できます。

元気なうちから入居できる住まい

まだ元気だが日常生活に少し不安のある人は、サービス付き高齢者向け住宅、シニア向け分譲住宅、シルバーハウジングなどを選びましょう。

前項の「介護が必要になってからの住まい」に有料老人ホームやサービス付き高齢者向け住宅、ケアハウスを含めましたが、これらの多くは元気なうちから入居でき、必要になったら介護保険を利用して介護サービスが受けられる施設でもあります。

軽費老人ホーム、ケアハウス、生活支援ハウス、養護老人ホームなどは主に市区町村が運営している福祉施設で低額で入居できるメリットがあります。

ほかにも、将来の健康に不安を感じる高齢者が支え合って暮らすグループリビングなどがあります。

高齢者の住まい①有料老人ホーム

健康型	住宅型	一般型（介護付き）			
		混合型	介護専用型		
健康な人のみ受け入れるので、要介護になったら退去が原則	バリアフリーのマンションに食事と生活支援サービスがついた2番目に多いタイプ	介護が必要になったら、職員が介護サービスを提供する。有料老人ホームにいちばん多いタイプ		特徴	
入居時は自立が条件。併設の介護付き有料老人ホームに転居できるものが多い	入居時は自立が条件のホームが多いが、ホームによってさまざま	自立、要支援、要介護の人も入居可能。介護が必要になると介護専用棟へ移るタイプもある	入居時に要介護度1以上の人	利用できる人	
○	○	△	×	自立	入居対象
△	○	○	×	要支援1・2	
△	△	○	○	要介護1～5	
○	○	○	○	緊急時対応	提供されるサービス
○	○	○	○	食事	
なし	居宅サービス	特定施設入居者生活介護、介護予防特定施設入居者生活介護	特定施設入居者生活介護	介護サービスの種類	
104ページ	102ページ	100ページ		掲載ページ	

適：○　一部適：△　不適：×

高齢者の住まい②介護保険施設やグループホーム

認知症高齢者グループホーム	介護医療院	介護老人保健施設	特別養護老人ホーム		
認知症高齢者がスタッフの支援のもと、共同生活を行う施設	医療のケアが手厚く、療養施設としても十分な役割を果たす施設	病院と在宅の中間の位置付けで在宅復帰が原則の介護保険施設	入所者の生活の場としての意味合いが強い介護保険施設	特徴	
認知症で安定した状態の65歳以上の人。共同生活のできない人は不可	長期療養のための医療サービスと日常生活上のケアが必要な65歳以上の人	病状が安定しているが、まだ在宅介護が難しい65歳以上の人。日常的に医療管理の必要な高齢者も受入可能	常に介護が必要で在宅介護が難しい65歳以上の人。緊急の支援が必要な人から優先的に入所できる	利用できる人	
×	×	×	×	自立	入居対象
△*	×	×	×	要支援1・2	
○	○	○	△ 原則要介護3以上	要介護1～5	
○	○	○	○	緊急時対応	提供されるサービス
○	○	○	○	食事	
認知症対応型共同生活介護	施設サービス	施設サービス	施設サービス	介護サービスの種類	
94ページ	92ページ	90ページ	88ページ	掲載ページ	

＊要支援2のみ　適：○　一部適：△　不適：×

高齢者の住まい③高齢者向け住宅と施設

シルバーハウジング	シニア向けマンション	サービス付き高齢者向け住宅		
バリアフリー仕様の高齢者向け公営公団賃貸住宅	高齢者向けのサービスを取りそろえたマンション。分譲あるいは賃貸住宅がある	生活面で比較的自由度の高い賃貸住宅。バリアフリーなどを条件にし、生活相談や安否確認などの生活支援サービスを提供する高齢者向けの住宅	特徴	
60歳以上の単身者、どちらかが60歳以上の夫婦など	特に条件はなし	・単身高齢者（60歳以上の者または要介護・要支援認定を受けている者） ・高齢者＋同居者（配偶者・60歳以上または要介護・支援認定を受けている親族・特別の事情を認められた者）	利用できる人	
○	○	○	自立	入居対象
○	○	○	要支援1・2	
△	△	○	要介護1～5	
□	□	○	緊急時対応	提供されるサービス
□	□	□	食事	
通所系・訪問系などの居宅サービス	通所系・訪問系などの居宅サービス	通所系・訪問系などの居宅サービス、特定施設入居者生活介護	介護サービスの種類	
180ページ	172ページ	174・176ページ	掲載ページ	

※□は住宅によって対応が異なります。　適：○　一部適：△　不適：×

グループリビング	養護老人ホーム	生活支援ハウス	ケアハウス	軽費老人ホーム	
				A型	B型
高齢者が支え合って暮らす共同生活住宅	行政が入所を判断する福祉施設	独立して生活するのに不安な高齢者のための福祉施設	軽費老人ホームの1つで民間の運営もあり。多くはバリアフリー仕様	低額で入所できる施設。数は減少傾向	
ケースによるが、おおむね65歳以上で自立度の高い人	65歳以上で環境上・経済的な事情から居宅でサービスを受けられない人	自立した60歳（自治体により65歳）以上の単身・夫婦世帯	身の回りのことはできるが、独立した生活は不安な60歳以上の人。所得制限なし	家庭環境などの事情で居宅や家族との同居が困難な60歳以上の自立した人。A型は所得制限あり、B型はなし	
○	○	○	○	○	
△	△	△	○	○	
△	△	△	△	△	
○	○	○	○	○	
○	○	□	□	○	×
通所系・訪問系などの居宅サービス	通所系・訪問系などの居宅サービス、特定施設入居者生活介護	通所系・訪問系などの居宅サービス	通所系・訪問系などの居宅サービス、特定施設入居者生活介護	通所系・訪問系などの居宅サービス、特定施設入居者生活介護	
182ページ	——	——	178ページ	178ページ	

2-②

住み替えに関係する介護保険サービス

大事な3つ

①介護保険施設で受けられるのは施設サービス
②認知症の人には認知症高齢者のグループホームがある
③有料老人ホームなどでは特定施設入居者生活介護を利用する

住み替え先を選ぶとき、「介護保険が利用できる住まいかどうか」、「利用できるならどんな種類のサービスになるか」をよく知らないと、本人に合ったサービスが受けられなかったり、無駄な利用料を支払わなくてはいけなくなることもあります。

介護保険のうちで住み替えに関係するサービスには、特別養護老人ホームなどで受ける「**施設サービス**」、認知症高齢者グループホームでサービスを受ける「認知症対応型共同生活介護」、特定施設の有料老人ホームや高齢者向け賃貸住宅でサービスを受ける「特定施設入居者生活介護」、また、有料老人ホームや高齢者向け賃貸住宅に住みながら、外部の介護事業者と契約し、「訪問介護」や「通所介護」などを受ける「**居宅サービス**」などがあります。

入居するとき、その施設がどんな介護サービスを提供してくれるのか、よくわからないのが普通です。「特定施設」「居宅サービス」と名称を覚えるより、介護サービスは施設のスタッフが行うのか外部のスタッフか、利用料は1カ月単位か1回ごとかなどを確認しておくといいでしょう。

入居型の介護サービス

施設サービス	介護保険施設に入所して受けるサービスです。施設では一時金を求められたり、高額な管理費などを請求されたりすることがないので人気ですが、特別養護老人ホームは待機者が多く入所できにくいのが実情です。	・特別養護老人ホーム（介護老人福祉施設）→P88 ・介護老人保健施設→P90 ・介護医療院・介護療養型医療施設 →P92
認知症対応型共同生活介護（地域密着型サービス）	認知症のある高齢者が、プライバシーに配慮した住居に少人数で暮らし、介護職員などの援助のもとで、料理や買い物といった能力を活かしながら、家庭的な落ちついた雰囲気のなかで生活を送ります。	・認知症高齢者グループホーム →P94
訪問介護など（居宅サービス）	外部の介護サービス事業者と契約し、訪問サービスや通所サービスを受けます。家庭での介護と同じしくみです。	・住宅型有料老人ホーム →P102 ・シニア向け分譲マンション →P172 ・サービス付き高齢者向け住宅 →P174・176 ・ケアハウス →P178
特定施設入居者生活介護（居宅サービス）	特定施設の指定を受けた施設で受けられるサービス。「介護付き」と表示された施設はほぼ指定を受けた施設。とくに有料老人ホームでは、この指定を受けていないと「介護付き」とは表示できません。	・介護付き有料老人ホーム →P100 ・サービス付き高齢者向け住宅 →P174・176 ・介護付きケアハウス →P178 など

2-③

訪問サービスなどを利用して施設で暮らす

大事な3つ

①施設で暮らしながら訪問や通所のサービスを受ける方法がある
②特定施設でないと施設のスタッフに介護を依頼できない
③要介護度が上ったら、住み替えを考える必要がある

介護付きでない有料老人ホームなどに入居していて介護が必要になったときは、家庭での介護と同様に訪問や通所などの居宅サービスを利用します。

個人的に外部のケアマネジャーにケアプランの作成を依頼し、外部の在宅介護サービス事業者からホームヘルパーや訪問看護師の訪問サービスを受けます。訪問だけではなく、住まいの近くのデイサービスやデイケアに通うこともできます。これらのサービスは費用が定額の「施設サービス」や「特定施設入居者生活介護（一般型）」のサービスと違い、1回の利用ごとに利用料が計算されます。自己負担額は利用料の原則1割（所得によって2～3割）ですが、要介護度によって決められた支給限度額を超えるとその分は全額自己負担となります。

サービスをあまり使わない場合は、費用負担が低額で済んで経済的ですが、介護量が増え支給限度基準額内でおさまらないサービスが必要になったときは、金額がかさむことになります。また、認知症などにより要介護度が上ったら、「介護付き」ホームなどへの住み替えが必要になることもあります。

施設での介護保険の利用のしかた

	入居・入所で受けるサービス	訪問や通所などの居宅サービス
住まいの種類	・介護保険施設（特別養護老人ホームなど） ・一般型特定施設（介護付き有料老人ホームなど） ・認知症高齢者グループホーム	・在宅 ・住宅型老人ホーム ・ケアハウス ・サービス付き高齢者向け住宅 ・シニア向け分譲マンションなど
介護保険の種類	施設サービス、特定施設入居者生活介護、認知症対応型共同生活介護など	訪問や通所などの居宅サービス
利用料の計算方法	・定額 ・1日単位で利用料が決まっている	・利用ごと ・利用分だけ利用料を支払う
メリット	・24時間、施設のスタッフによる介護サービスが受けられる（特定施設の外部サービス利用型は外部のスタッフの介護サービスを受ける） ・要介護度が上がっても定額でサービスを受けることができる	・利用ごとの支払いなので少ない利用の場合は、その分の負担だけで済む ・外部の事業者と自由に契約でき、必要に応じて介護サービスを選ぶことができる
デメリット	・ほとんど介護が必要でない場合でも、介護保険の「要介護度」によって定額の自己負担が必要 ・特定施設の外部サービス利用型以外は、通所施設など外部のサービスは利用できない	・要介護度が上がるなどで介護量が増え、必要なサービスが支給限度基準額を超えた場合は負担額が高額になる ・要介護度が上がったら、転居が必要になるケースもある

2-④

「介護付き」とはどういう住まいか？

大事な3つ

①「特定施設入居者生活介護」のサービスが提供できるのは特定施設だけ
②「介護付き」と表示できる有料老人ホームは特定施設のホームだけ
③特定施設には「一般型」と「外部サービス利用型」がある

介護施設や住まいを選ぶ場合は、その施設が「特定施設」かどうかをチェックすることが大切です。

特定施設とは、介護保険の「**特定施設入居者生活介護**」のサービスが受けられる施設のことで、指定を受けるには、一定の条件をクリアしていなければいけません。条件の1つはバリアフリーの建物であること、さらに介護スタッフの配置などが一定の基準を満たしていることが必要です。

特定施設のほとんどは、施設のケアマネジャーがケアプランを立て、施設のスタッフが介護サービスを提供する「**一般型**」ですが、ほかにも施設のケアマネジャーがケアプランを立て、施設のスタッフが見守りや安否確認は行うものの、それ以外のサービスは外部の事業者に委託する「**外部サービス利用型**」があります。

一般型の特定施設入居者生活介護のサービスは、訪問介護や通所介護などのように利用したサービスごとに費用が発生するのではなく、1日ごとに定額で利用できます。

「特定施設入居者生活介護」のタイプ

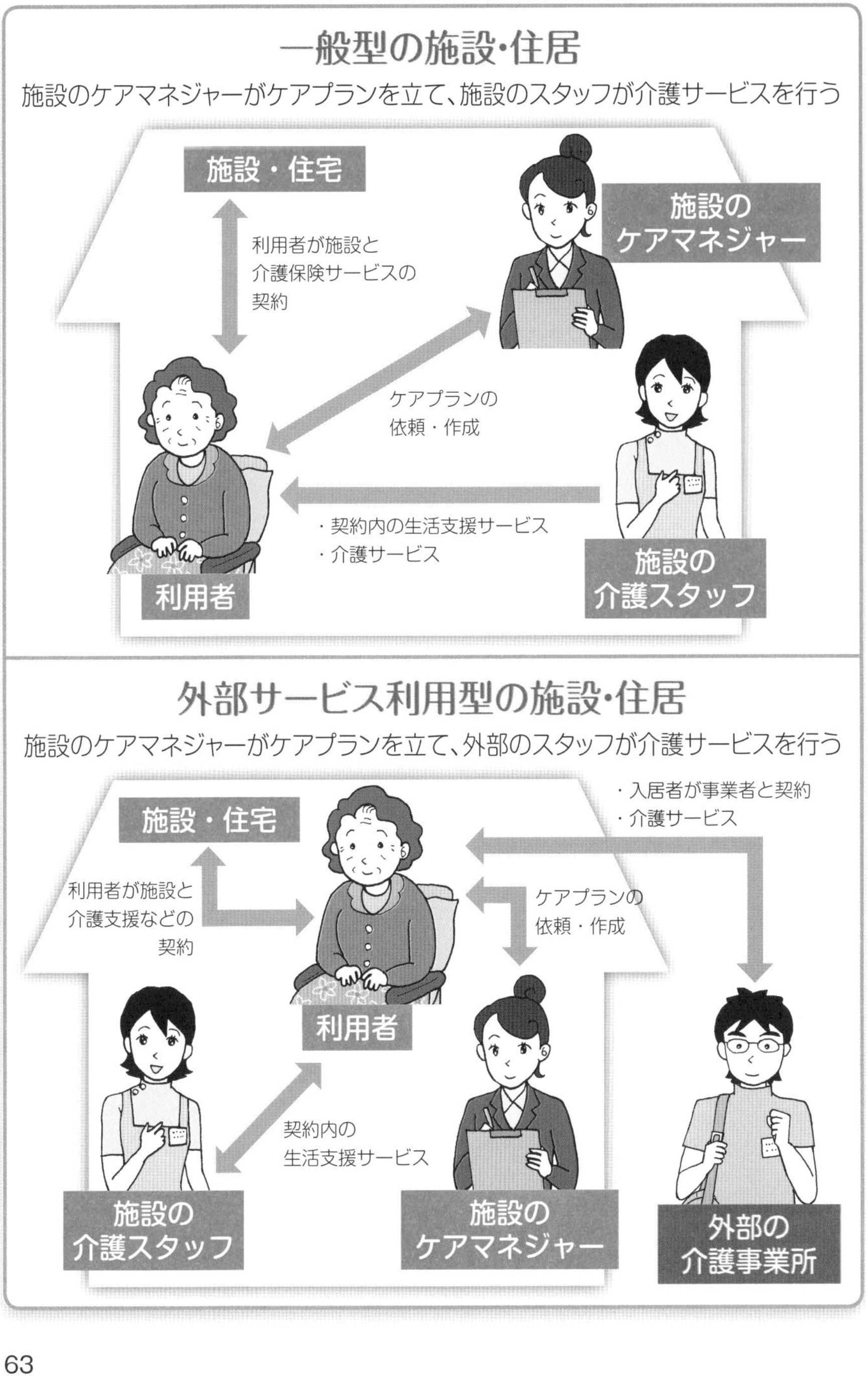

2-⑤

要介護度で住み替え先を選ぶ

大事な3つ

①要介護になったときを想定して住まいを考える
②いつまで住めるのかを必ず確認する
③介護付きの施設・住居は最期のときまでいられる場合が多い

「自立」か「要介護」かで住む場所を選ぶ

高齢者向けの住まいには、52ページからあげたようにさまざまな種類があります。それぞれの住まいは「①**自立した人だけ入居できる**」「②**介護が必要な人だけ入居できる**」「③**どちらも入居できる**」といった条件があります。

さらに、①の自立した人が要介護の状態になったときや、②・③の介護の必要な人が重くなったとき「④**住み続けられる**」「⑤**退去しなければいけない**」などの条件もあります。

①〜③は入居時にわかるでしょうが、④・⑤は施設や住居の職員に説明してもらう必要があります。その点をおろそかにすると、いざ介護が必要になったときに、あわてることになります。

介護を必要とする高齢者が入居できないのは「自立を条件とする」健康型や住宅型の有料老人ホームです。逆に、特定施設の指定を受けた介護付き有料老人ホームでは、自立の人は入居を断られる場合もあります。

介護度で見る高齢者の住まい

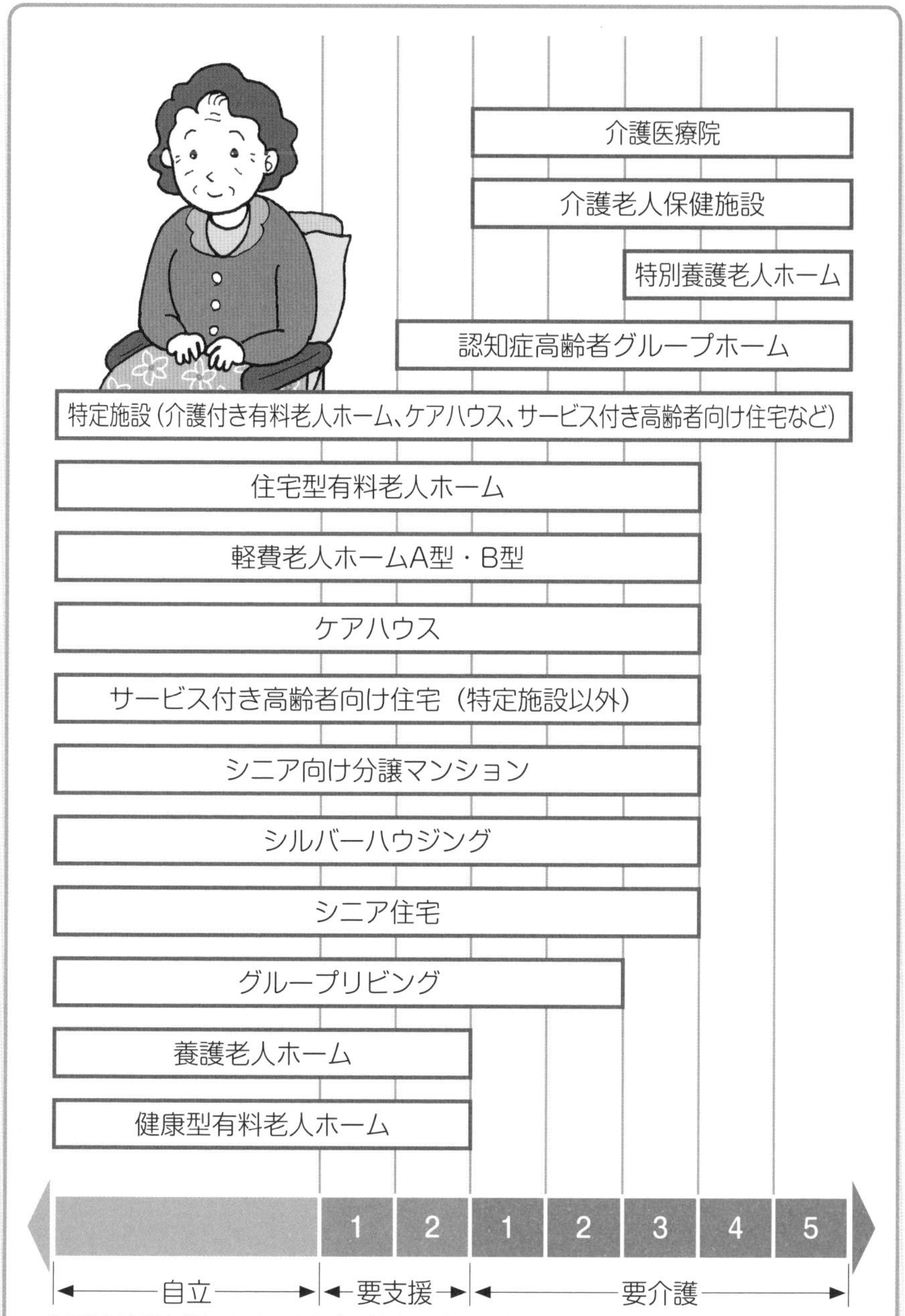

※入居後要介護度が高くになった場合の対応は、個々に条件が異なります

また、要介護の人が入所できるのが、特別養護老人ホーム、介護保険施設、介護医療院の「**介護保険施設**」です。これらの施設は要介護状態区分が「要介護1以上（特別養護老人ホームは原則要介護3以上）」が条件です。また、認知症高齢者グループホームは「要支援2以上」が条件です。

元気なうちから入居し、介護を受けることもできる施設

特定施設の指定を受けた、介護付きの有料老人ホーム、介護付きのケアハウス、介護付きの高齢者向け賃貸住宅などは、介護が必要になったら、施設で介護を受けながら生活することができます。

ただし、これらの住まいでは、**要介護度が高くなる、医療措置が必要になる、認知症が重くなって暴力を振るうなどの異常行動が見られるようになると、住み続けられなくなることがある**ので、最初によく条件を確認してから入居しましょう。

とくに、一部の高額な一時金が求められる有料老人ホームの場合、退去の話が出たとき「話が違う」ということになりがちです。認知症などが進んだとき、ホームはどのようなサポートをしてくれるのか、あるいは家族の側はどのようなかかわりをしなければいけないのか、よく説明を受けておきましょう。

自分で介護事業者と契約する場合

自立している人はもちろん、要介護状態になっても、暮らし続けられる施設もあります。介護付きでないケアハウス、サービス付き高齢者向け住宅、生活支援ハウス、そしてシルバーハウジング、シニア向け分譲マンション、グループリビングなどです。

これらの住宅では、介護が必要になれば、訪問介護などの居宅サービスを利用しながら暮らすことができます。ただし、要介護度が低いうちはともかく、重介護状態で寝たきりになるとか、認知症が進んだりすると、暮らし続けられない場合があります。

高齢者の住み替え先探し

高齢者用の住宅・施設に住み替えたい			
健康で自立しているうちに住み替えたい	費用がかかっても生活を楽しみたい	健康型有料老人ホーム	健康なうちは豪華な施設で生活を楽しめる。要介護になったら、併設・提携の介護専用有料老人ホームなどに移る必要あり
	自宅のように生活したい	シニア向け分譲マンション	自立の間は、高齢者に配慮された施設で自宅のように自由に暮らせる。要介護になったら、訪問サービスなどを受けられる
	費用をできるだけ低く抑えたい	軽費老人ホーム、ケアハウスなど	家賃補助がある場合もあり、自立していれば生活費を抑えて暮らせる。介護が必要になれば住み替えも検討しておく
	費用がかかっても設備やサービス重視	介護付き有料老人ホーム（入居時自立が入居要件のタイプ）	入居一時金は高額な場合が多い。自立なら大浴場など共有設備で生活を楽しめ、介護が必要になれば介護専用居室に移る
介護が必要になってから住み替えたい	医療的な管理が常に必要だ	介護医療院	常時医療的管理・看護が必要な人が対象。医療ケアと日常的な生活支援が受けられる
	認知症の傾向がある	認知症高齢者グループホーム	認知症高齢者が家庭的な雰囲気の中で共同生活を送る。要介護度が高くなったら、さらに住み替えの可能性もある
	費用をできるだけ低く抑えたい	特別養護老人ホーム	費用は低く抑えられるが待機者が多い。要介護度の高い人から優先入所の傾向がある
	費用がかかっても設備やサービス重視	住宅型有料老人ホーム（要介護者専用タイプ） 介護付き有料老人ホーム（介護専用型）	入居一時金や月額費用が幅広く、サービスにも差がある。費用の安いものは特養の待機期間のみの利用も可能

2-⑥

費用で住み替え先を選ぶ

大事な3つ

①比較的負担が軽いといわれるのは3つの介護保険施設
②公営住宅や家賃補助のある施設や住宅は安く住める
③タイプによって有料老人ホームの利用料には大きな幅がある

費用の負担が少ない介護保険施設

住み替え先を選ぶとき、要介護度とならんでポイントになるのは、やはり費用の問題でしょう。

介護が必要なときに入る施設で、比較的費用の負担が少ないのが「**介護保険施設**」です。

特別養護老人ホームは所得による食費や住居費の公的な助成もあって、利用しやすいのがメリットですが、その分人気が高く入所待機者が多いのがデメリットです。

次にリハビリ中心の**介護老人保健施設**、**介護医療院**の順に高くなります。介護療養型医療施設は、医療ケアの必要がある人向けで、手厚いケアが提供されるので、ほかの2つに比べ利用料が高くなります。

認知症高齢者グループホームは、少人数で個別のケアを行うため、高めと思われがちですが、費用には差があります。グループホームは民家を改造したものから新築まで、建物や設備がさまざまで、住居費もタイプや地域によって差があります。

費用で見る高齢者の住まい

費用 高い

- 有料老人ホーム（一時金含む）
- シニア向け分譲マンション（購入費含む）
- サービス付き高齢者向け住宅
- 認知症高齢者グループホーム
- シルバーハウジング
- ケアハウス
- 介護医療院
- 介護老人保健施設
- 特別養護老人ホーム
- 軽費老人ホームA型
- 軽費老人ホームB型
- 養護老人ホーム

費用 低い

※各施設の費用はあくまでめやすです。サービスの違いにより大きな差があります。

住まいの特徴によって費用負担はさまざま

シルバーハウジングは公営住宅なので、所得によっては家賃の負担が軽くなります。食事や入浴のサービスを頼む必要がなければ、安い費用で済ませることができます。

軽費老人ホームも、所得による家賃の軽減があり、食事付きのA型・食事なしのB型ともに、費用は低額です。A型には食費も含まれるので、B型よりは費用が高めになっています。軽費老人ホームの1種の**ケアハウス**も、所得によって利用料が異なるので、低所得者の場合は、負担が少なく住むことができます。

サービス付き高齢者向け住宅は「家賃＋生活支援サービス費」が基本で、共益費・光熱費などの名目で追加する住宅もあります。食事などの選択サービスのほかに、介護が必要になったら介護サービスの原則1割負担の利用料がプラスされます。

住宅型と介護付きの有料老人ホームは、サービスも設備も物件によって大きく幅があります。

介護付き有料老人ホームは、人気のある特別養護老人ホームの受け皿として、また介護老人保健施設や病院からの受け入れ施設として、数が増えています。費用は、ホームによって大きな差があり、最近では入居一時金が不要なもの、月々の費用が介護保険施設とあまり変わらないものも出てきています。

最も高価格なのは**健康型有料老人ホーム**。引退した富裕層が生活を楽しむために入居するタイプで、設備は豪華ですが、健康でないと退去させられるシステムです。介護を受ける場合は、併設・提携の介護付き有料老人ホームなどに住み替えることになります。

なお、**シニア向け分譲マンション**は、一般の分譲マンションと同じく購入する住宅で、設計や設備を高齢者仕様にしているため、一般のマンションより高価格になっています。

高齢者の住まいの費用負担

施設名	費用（概算）	内訳	備考
特別養護老人ホーム	約5〜15万円	家賃相当分、食費、介護保険自己負担分など	おむつ、嗜好品などの実費が別途必要
介護老人保健施設	約6〜16万円	家賃相当分、食費、介護保険自己負担分など	おむつ、嗜好品などの実費、差額ベッド費用が別途必要
介護医療院	約7〜17万円	家賃相当分、食費、介護保険自己負担分など	おむつ、嗜好品などの実費が別途必要
認知症高齢者グループホーム	約12〜18万円	家賃相当分、管理費、食費、介護保険自己負担分など	入居一時金が必要な場合あり
ケアハウス★	約7〜18万円	家賃相当分、食費、事務費、水道光熱費	所得によって異なる
介護付きケアハウス	約8〜18万円	家賃相当分、食費、事務費+水道光熱費、介護保険自己負担分など	所得によって異なる
シルバーハウジング★	約1〜13万円	家賃、管理費	地域、住宅、所得により異なる
軽費老人ホームA型★	約6〜14万円	食費、生活費、事務費、管理費など	所得により異なる
軽費老人ホームB型★	約0.5〜4.5万円	生活費、事務費、管理費など	所得により異なる
サービス付き高齢者向け住宅★	約9〜16万円 ※食事･洗濯･清掃などは選択サービス。食事は4〜5万円程度	家賃･共益費･安否確認などの生活サービス費	地域や部屋の広さによって幅がある。住宅によってレクリエーションなどさまざまな選択サービスが用意されている
有料老人ホーム★	約15〜30万円	住居費、食費など	入居一時金が必要な場合がある
介護付き有料老人ホーム	約20〜35万円	住居費、食費など	入居一時金が必要な場合が多い

※費用は地域や施設、住宅によって異なります

★印の住まいには、介護サービスが付いていません。サービスを利用する場合は、介護保険の自己負担がプラスされます

費用の額は「高齢者住宅財団 高齢者の住まいガイドブック」による

2-⑦

周囲の環境で選ぶ

大事な3つ

①以前と暮らす環境が違いすぎると、大きなストレスになる
②高齢者本人が落ち着いて暮らせる環境であるかどうかが大事
③家族が通いやすい立地も重要なポイントになる

見学では周囲の環境にも注意を

施設やホームを見学に行ったときは、建物の内部の設備や雰囲気だけでなく、周りの環境にも目を配りましょう。周りの環境は、高齢者の今後の生活にとって、精神的にも肉体的にも大きな影響を及ぼします。

気をつけたいのは、「高齢者には静かな環境がいいだろう」という思い込み。周りに自然が多ければ落ち着けると思いがちですが、**交通の便が悪いせいで外出をひかえ、生活が不活発になってしまうこともあります**。また自然に恵まれた地域でも、坂や階段が多い場所は、足腰が弱い高齢者にとって負担が大きいものです。転倒を恐れて、建物の中から出ず、さらに足腰が弱るという悪循環もありえます。

本人が望む環境かどうか注意を払う

以前の住まいと環境が違いすぎることもストレスになります。にぎやかな街の中で暮らし慣れた人にとって、景色がきれいな場所はたまに遊びに行くに

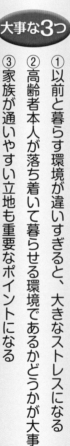

はよくても、人が少なくてさびしいと感じ、逆ににぎやかなところが苦手な人には、都会の真ん中は落ち着かないでしょう。特に「夜間の環境（暗い、静か）」もしっかりと確かめたいものです。

後悔しない住まい選びのいちばんのポイントは、**本人が望む環境であるかどうか**です。豊かな自然の中で静かに暮らしたい人と、ショッピングや映画などを満喫したいという人では、住みたい場所、落ち着ける場所が違います。

また、いままでの住まいと比べてストレスになりやすいのが周囲の「騒音と光」です。一般には気にならない音や光でも、毎日のこととなると煩わしく感じるものです。住宅地に建つ施設も増えているので近くの幼稚園、小学校などのチャイムやにぎやかな声などが、静かに過ごしたい高齢者にとってストレスになることがあります。ほかにも工場の音、幹線道路の車の騒音、コンビニの明かりやパチンコ屋などの光や騒音なども、不眠症の多い高齢者にとっては気になるでしょう。

家族が訪問しやすいかどうかも大切

本人が気に入った場所でも、家族から遠く離れたホームは訪問するのに負担がかかります。

近くなら週に何度でも面会できるのに、遠距離になると1カ月に1度になってしまうこともあります。通うのに2時間も3時間もかかったら、面会も1日仕事になってしまいます。交通費の負担も少なくないでしょう。

本人の気持ちがもちろん第一ですが、数多く訪問したい家族の気持ちを本人に伝え、妥協点を探ることも必要でしょう。

数人の子どもがいれば、ローテーションを組んで面会に行くと、本人も喜び、ホームでの生活も楽しいものになります。それぞれの家族が通いやすい場所のホームなら理想的です。

近くを歩いてチェックしよう

●周りの環境

□散歩できるような場所や公園はあるか

□利用者が楽しく過ごせるスポットはあるか

□菓子、くだもの、ティッシュペーパー、花など、ちょっとした買い物ができる店はあるか

□病院や医療機関は近くにあるか

□図書館や役所、市民センターなどは近くにあるか

□理美容院、映画館や本屋など、娯楽施設が近くにあるか

●周りの雰囲気

□周囲の雰囲気はにぎやかすぎないか

□周囲の雰囲気はさびしすぎないか

□これまで住んでいた場所と環境が違いすぎないか

●道路

□公園や店までどれだけかかるか、道は歩きやすいか

□坂道や階段はあるか

□道路に転倒しやすいところはないか

□車いすでも通れるか

□歩道には十分な幅があるか

□幹線道路や高速道路が近くにあるなど、交通量が多くて危険ではないか

●家族が通う便利さ

□駅から遠く、車を持っていないと通いにくい場所か

□バスの便はどのくらいあるか

□バス停までの距離

□ホームや施設に、シャトルバスの送迎はあるか

□ホームや施設から、タクシーの呼び出しができるか

●代替の配慮

□買い物を楽しめる店が近くにない場合、住まいやホーム側が買い物ツアーなどをひんぱんに行い、外出する機会を多くつくっているか

□スーパーまで買物便として車を出したり、買物代行をしてくれるか

2-⑧ まず、本人と家族の希望を整理する

大事な3つ

①ゆっくり時間をかけて、本人の希望を聞く
②つき合いがなくても、必ず連絡を取り、家族全員の合意を得る
③家族で率直に話し合い、足りないところを補い合うようにする

いちばん大切なのは、なにより本人の気持ちです。本人と話し合い、住み替えについてどう思うか、どういう身体の状態になったら判断するか、またどういう環境でどんな暮らしがしたいのかなど、正直な気持ちや希望を聞きましょう。多くの人はずっと家で暮らし続けたいと思っていますが、家族に遠慮して本音を言わないこともあります。一方的に決めつけるのではなく、時間をかけてゆっくり話し合いましょう。本人が納得しないまま無理に入居させると、入居後に施設側やほかの入居者とトラブルになったり、部屋に閉じこもりうつ状態になり、結果的に認知症のような症状が現れることにもなりかねません。

住み替えのことや時期、また費用や場所の選定などについて、家族全員の合意を得ることも大事です。あまりつき合いのない家族にも必ず連絡を取りましょう。1人でも事情を知らず、納得していないと、いずれトラブルになる可能性があります。前もって費用の分担、訪問の頻度などを率直に話し合っておけば、入居後も足りないところを補い合うことができ、それぞれの負担もより楽になります。

高齢者本人の希望

●住み替えについて

□住み替えなんてまったく考えていない

□できればまだ住み替えたくない

□将来のために準備しておきたい

□今のままでは不安なので、早く住み替えたい

●立地

□今までの家の近くが安心できていい

□家族の家に近いほうがいい

□同じ市区町村内ならいい

●環境

□自然に囲まれたところで静かに暮らしたい

□出歩いてショッピングや映画を楽しめる町中がいい

□大きな浴場にも行ける温泉地がいい

●趣味

□自分の趣味ができる場所、サークル、イベントがある施設やホームがいい

□園芸や菜園などがしたい

●費用

□できるだけ安くあげたい

□こどもに迷惑はかけたくない。自分の出せる範囲の住まいにしたい

□ゆとりがあるので、自分の希望を通したい

●家族の希望

□自分の家から遠いと通うのがたいへんなので、近くに来てほしい

□本人が落ち着く今の場所に近いところでかまわない

2-9

本人の状態と合わないと失敗する

大事な3つ

①自立した人は重介護者が多い施設ではもの足りないことが多い
②本人と同じような状態の人の多い住まいが住みやすい
③見学時や「体験入居」のときに、入居者の状態をチェックする

ホームによって、さまざまな状態の人が入居してきます。「自立・要支援・要介護、どの状態でも受け入れる」とうたった混合型の介護付き有料老人ホームはとくにその傾向があります。「自立した人向け」とあるのに入居すると、ほとんどが要介護度の高い人や認知症の人だったという例もあります。

ホームの職員の数は施設の定員に応じて配置しているので、どうしても介護度の高い人のほうに人手がとられます。自立している入居者は、つい後回しにされがちです。費用の面からいっても、自立している人は実際使わないサービスの分まで支払うことにもなり、不公平感が強まります。周りが自分と違って要介護度が高ければ、話の合う友人を作って会話を楽しむこともできません。気持ちが滅入り、うつ気味になることもあるでしょう。実態を見極めるには、見学時に担当者の話を聞くだけでなく、入居者のようすを見ておくこと、また本人は、「体験入居」を利用し、話の合う人がいそうか、トラブルになりそうな人はいないかなどを、自分の目で確かめてもらいましょう。

本人の状態にあった施設選びのポイント

本人の状態にあった施設か?

自立・介護の少ない人なら	介護の必要のある人なら
	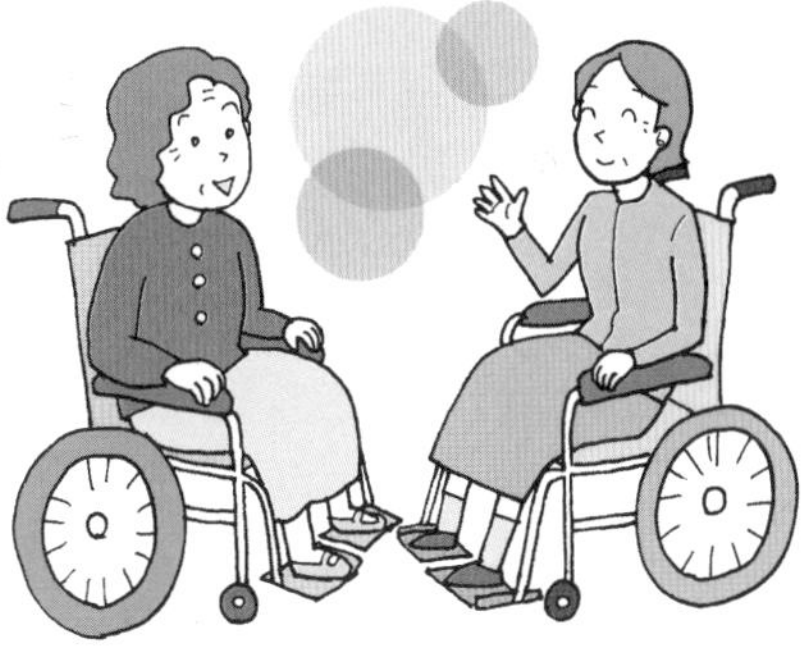

こんな施設なら楽しそう!!

□お友だちがたくさんできそう
□大浴場、ジムなど、本人の楽しめそうな設備がある
□フロア、食堂など全体的に広く、明るい雰囲気
□楽しそうな行事がいろいろある
□本人の趣味を活かせるクラブなどがある
□ある程度、家具を持ち込める
□個室に浴室がついていて、自由に入浴できる
□食事のメニューが豊富でおいしそう
□自由に外出・宿泊できる

こんな施設なら安心!!

□プライバシーが守られる
□会話や交流のできる入居者
□低層で1フロアの面積が広くゆったりしていて、スタッフの見守りがしやすい
□スタッフの人数が足りている
□利用者を子ども扱いしていない
□集団レクリエーションや創作活動が行われている
□リハビリテーションが行われている
□食事の時間に幅がある
□おむつは極力使わない

2-⑩

自分の住み替え先を自身で選ぶ場合

大事な3つ

①住み替える目的をはっきりさせ、優先順位をつける
②70代前半までに目星をつけ住み替える時期を逃さない
③ライフスタイルにあった住まいを選ぼう

住み替えの計画を立てる

まだ元気な時期に自分自身で住み替え先を選ぶメリットは、自分の希望を優先できること、またじっくり時間をかけて選べることでしょう。

将来が不安だ、また家事の手助けがほしいなど、住み替えの動機はさまざまです。そうした動機をあらためてはっきりさせることが肝心です。

希望条件のリストを作り、これだけは譲れないという条件をしぼりましょう。いちばんの望みがかなえられれば、あとは妥協もしかたないという考え方もあります。**限られた予算の中で、すべての望みがかなう住まいはないと思ったほうが無難です。**

住み替えの時期も重要です。たくさんの住み替え例を見て来た経験者によると、**75歳くらいまでに目星をつけておき、住み替えは78歳くらいまでに済ませるのがいいということです。**理由は、その時期を過ぎると住み替えに必要な決断力や体力がなくなってくるから。要介護になる年齢でいちばん多いのは80～84歳という調査結果もあります。

住み替えの目的リスト〈例〉

□食事作りが面倒になった
□家の管理がたいへん
□掃除や洗たくなどを手伝ってもらいたい
□日常生活のことでだれか相談できる人がほしい
□倒れたときのために安否を確認してもらいたい
□持病があるので、医者に定期健診をしてもらいたい
□防犯などの関係でひとり暮らしが怖くなってきた
□1人で食事するのはさびしい
□友人をつくって、趣味やサークルなどを楽しみたい
□介護されるときのために備えたい
□介護の必要がでてきた

住み替え時期チェックリスト

□食事が作れなくなった
□書類などを読んでもよく理解できないことが多くなった
□視力と聴力が落ち、人の話がわかりにくくなった。
□人と会話しても通じていないと思うことが増えた
□足腰が弱くなって、病院などに行くのも大変になってきた
□テレビのリモコンや携帯電話、電子レンジのボタンなどが扱いづらくなってきた
□町内会の仕事、ゴミ出しなどがきちんとできなくなった
□お金の管理や銀行のATMの取り扱いが難しくなってきた
□トイレに行く回数も増え、夜間は特にこわい
□転倒することが多く、いずれ大きな事故になりそうだ

自分で行う住み替えの実際

住み替えには、まず情報を集め、見学することが欠かせません。でも自分1人で行うとなると体力的に大変なので、**「紹介センター」などに相談するのも1つの方法です**（130ページ参照）。

また、引っ越しには体力が必要なうえ、新しい環境に慣れるにもエネルギーがいります。そこで、自分の体力と住み替えのエネルギーを計算しながら計画を立てることが大事です。

自立しているときから入居でき、万一のときのために安否確認や緊急時の見守りなどのサービスをしてくれる住宅を望む人が増えています。そして、そんなニーズに応えた住宅もいろいろ現れています（第6章参照）。

多家族での共同生活を楽しみたい人の住み替え

自立しているときから入居できる住まいで、少人数で外部とも交流しながら生活を楽しみたいという人には、グループリビング（182ページ参照）があります。そのほかにも、血縁のない人同士が自分たちで住宅を企画・設計し、そして距離を保ちながら、交流を楽しむような共同住宅の試みも増えてきました。自分のライフスタイルに合った住まいをさがしてみましょう。

○コーポラティブハウス

設計などから自分たちで取り組み、共同で作り上げていく住宅です。高齢者だけでなく、いろいろな年代の人たちと近所づき合いを楽しめます。

○コレクティブハウス

プライベートなスペースは確保しながら、リビングやキッチン、ランドリーなどのスペースや設備を共同で利用する住宅です。コーポラティブハウスと似ていますが、共同のスペースがあるぶん、いっしょに食事をするなど、交流の機会は増えます。高齢者専用のコレクティブハウスも登場しています。

多家族での共同生活

コーポラティブハウス

メリット

居住者同士が建築から関わるので連帯感が生まれる
自分のライフスタイルを崩すことなく、自分流に近い住み方ができる
一戸建てやそれぞれ庭付きも協同で建てるので割安になる

デメリット

平均2年間の期間と話し合いに手間がかかる
マンション形式の場合は割高になる

コレクティブハウス

メリット

居住者同士が共同で食事や育児などを行い連帯感をもてる
小さくて使いにくい設備より、大きい設備を使える
ふだん使わない道具やスペースを共同で有効に使える
必要のなくなったものでも、共同ならだれかが有効に使える

デメリット

趣旨を理解しない人が入ってくると、運営がうまくいかない

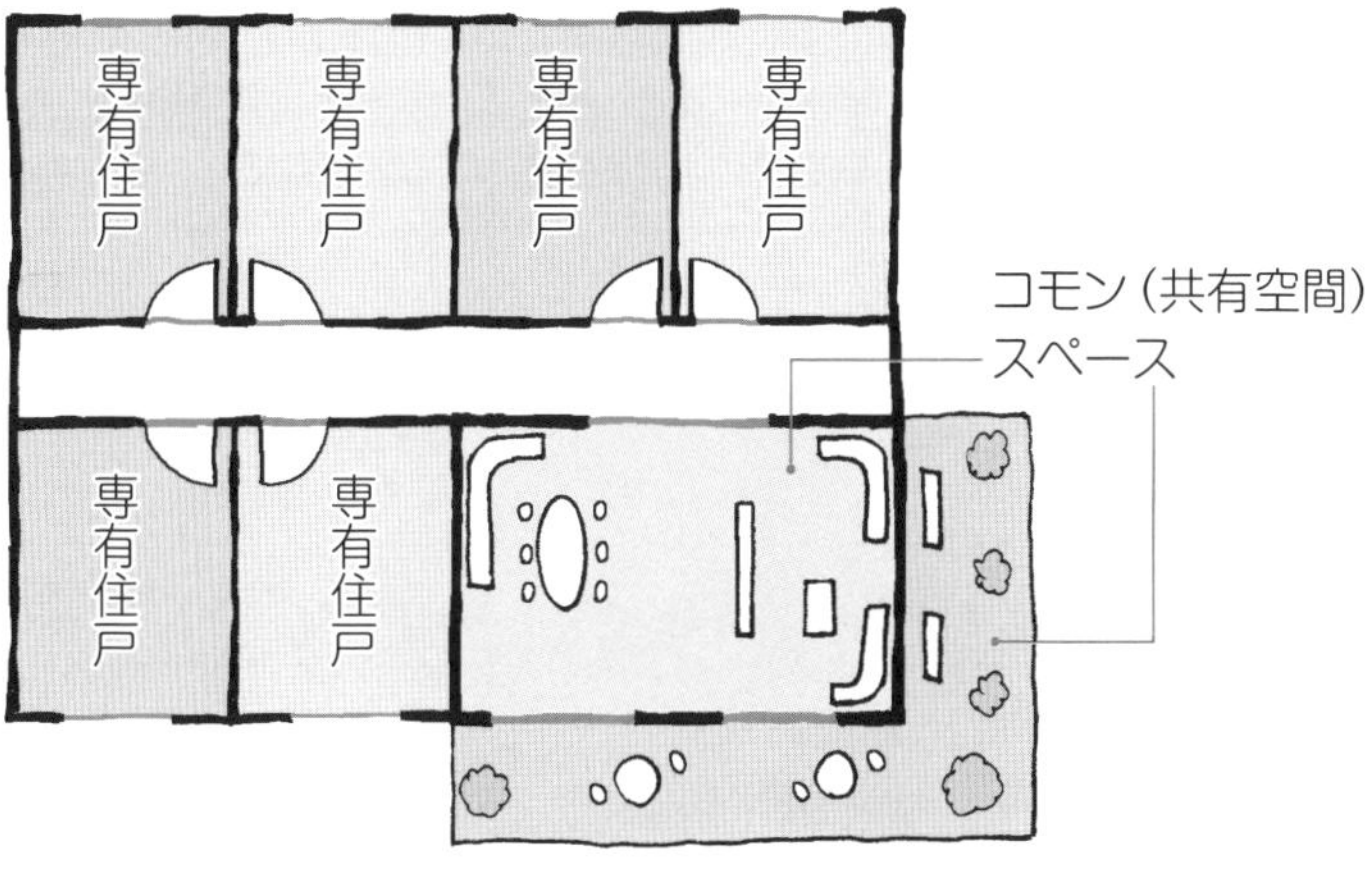

介護のお金②

介護サービス利用料は医療費控除の対象になる

医療費は年間で一定の金額を超えると、医療費控除の対象になりますが、介護サービスの利用料も、サービスの種類によって、この医療費控除の対象になります。

ただし、「**高額介護サービス費**」（48ページ参照）の支給を受けた利用者は、これを差し引いた金額が対象となります。

それにはケアプランを作成した居宅介護支援事業所名と医療費控除の対象となる金額が記載された領収書が必要となるので、領収書類は保管する習慣をつけましょう。

また、おむつ代も医師に「**おむつ使用証明書**」を発行してもらえば、医療費控除の対象になります。

医療費控除の対象となる介護サービス

サービス名		対象となる額
居宅サービス	**医療系サービス** ・訪問看護、訪問リハビリテーション、通所リハビリテーション、居宅療養管理指導、短期入所療養介護	自己負担の全額（滞在費や食費も含む）が対象になる。支給限度額を超えて利用した分の費用も対象になる
	介護系サービス ・訪問介護（生活援助を除く）、訪問入浴介護、通所介護、短期入所生活介護	ケアプランに基づいて医療系のサービスと合わせて利用した場合に限り、自己負担額の全額が対象になる
施設サービス	**特別養護老人ホーム**	自己負担額、居住費・食費の半分
	介護老人保健施設 **介護療養型医療施設**	自己負担額、居住費・食費の全額

第3章

介護保険施設やグループホームの賢い選び方

3-①

介護保険施設とグループホーム

大事な3つ

①施設サービスを受けられる介護保険施設は3つだけ
②介護保険施設は希望者が多く、入所が困難
③グループホームは軽・中度の認知症高齢者の受け皿として期待

介護保険施設とは、**特別養護老人ホーム**、**介護老人保健施設**、**介護医療院**の3つをいいます。

これらの施設での介護サービスは、すべて介護保険の施設サービスが利用でき、費用は比較的安く済みます。しかしその反面、特に特別養護老人ホームは、緊急度が高い場合を除き、すぐには入所しにくいのが難点です。

介護老人保健施設は基本的に入所が短期間（原則として3カ月）に限られ、住み替え先というより在宅復帰への中間施設であり、心身の状態に応じ必要なときに利用する施設といえます。2018年4月に新設された介護医療院は医療重度の人も対象としています。

認知症高齢者グループホームは、同じ市区町村に住む軽・中度の認知症高齢者が、住み慣れた地域で暮らすための施設です。今後増えると予想される認知症高齢者の受け皿として期待され、設置も増加の予定です。介護サービスは、すべて介護保険の認知症対応型共同生活介護が利用できます。

介護保険施設とグループホーム

	特別養護老人ホーム	介護老人保健施設	介護医療院	認知症対応型共同生活介護（認知症高齢者グループホーム）
介護保険の種類	施設サービス	施設サービス	施設サービス	地域密着型サービス
運営主体	社会福祉法人、地方公共団体	医療法人、社会福祉法人、地方公共団体など	医療法人、国、地方公共団体、社会福祉法人など	社会福祉法人、医療法人、民間事業者、NPOなど
全国の事業所数＊	10,823カ所	4,230カ所	673カ所	14,139カ所
費用（概算）	約5〜15万円	約6〜16万円	約7〜17万円（施設によって差が大きい）	約12〜18万円（入居時に一時金が必要な施設も）
費用に含まれるもの	居住費、食費、介護保険自己負担分	居住費、食費、介護保険自己負担分	居住費、食費、介護保険自己負担分	家賃相当、管理費、食費、介護保険自己負担分など
メリット	低価格で、要介護度が高くなっても介護が受けられる	機能訓練が手厚く、低価格で利用が可能	医療、介護に重点が置かれている	地域の住み慣れた雰囲気のなかで、家庭的な生活ができる
デメリット	すぐに入所はできない	入所は原則的に短期間	医療ケアが必要な人だけしか入所できない	寝たきりになると退去の可能性がある

＊2022年度 厚生労働省調べ

3-②

重介護の人が中心の「特別養護老人ホーム」

大事な3つ

①福祉施設なので費用が安く、手厚いケアが期待できる
②待機者が多く「要介護度4」以上でないとなかなか入居できない
③最近は費用面でユニット型の個室より多床室が主流

介護保険制度上は介護老人福祉施設とも呼ばれる「**特別養護老人ホーム**」は、全国で約108,00施設あり、入所者は約63万人以上います。

入所条件は、65歳以上で、身体上または精神上著しい障害があるために常時の介護を必要とする人、在宅では適切な介護を受けることが困難な人が対象となります。食事サービス・入浴サービス・排せつ介助などが受けられ、クラブ活動なども行われます。

減免制度により費用が抑えられるうえ、手厚いケアを受けられることから入所希望者が多く、入所者より待機者のほうが多いといわれています。

以前は複数定員の部屋（多床室）が主流でした。**ユニットケア**が制度化されてからは、9人程度のユニット単位でケアされながら、個室で生活する入所スタイルが始まっています。

介護保険の要介護状態区分が、原則要介護3以上の人が対象となっていますが、要介護1や要介護2の人でも、やむを得ない事情により、特別養護老人ホーム以外での生活が困難な方については、特例的に入所が可能な場合もあります。

特別養護老人ホームと有料老人ホームの違い

	特別養護老人ホーム	有料老人ホーム
運営主体	市区町村などの地方公共団体や社会福祉法人	株式会社などの民間企業
対象者	原則要介護3以上の人	自立、要介護などの対象者は各ホームで決められる
入居の難易度	重介護かつ緊急度の高い人が優先で、入所の条件はきびしい	各ホームによって異なるが、「特養」よりも入居は容易
入居一時金	不要	入居一時金が必要なところが多いが、不要なホームも増えている
介護保険	施設サービス	居宅サービス（特定施設入居者生活介護）
減免制度	所得により4つの区分があり、第1～第3段階は居住費と食費の負担限度額が設けられている	なし

特別養護老人ホームの入所者の割合

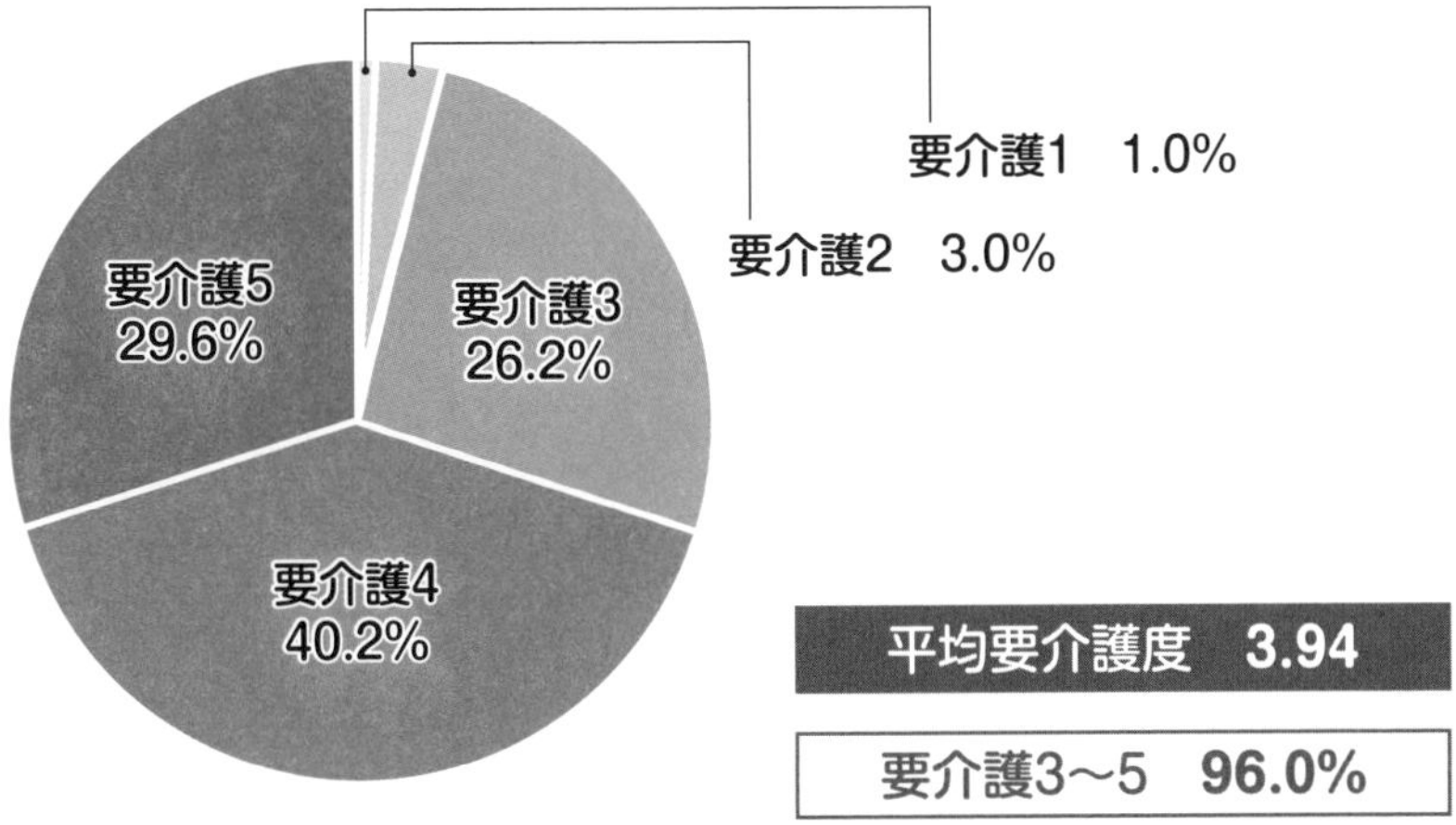

2021年介護給付費等実態統計（年次報告、累計）

3-③

リハビリ中心の「介護老人保健施設」

大事な3つ

①原則的に自宅復帰のためのリハビリを行う施設
②医療と福祉、両方のサービスを提供する施設
③入所期間は原則3カ月だが実際は長期入所者が多い

「介護老人保健施設」は、病気などで障害を負った高齢者のために、看護や医学的管理をしながらの介護、リハビリ、そして日常生活の世話をする施設です。病状が安定し、入院や治療の必要がない要介護の高齢者が対象です。

病後の療養とともに、少しでも早く自宅に帰ってもらうのを目指しているので、介護より医療関係のサービスが多く、リハビリテーションの専門家である作業療法士､理学療法士､言語聴覚士などもスタッフとしてサービスを提供します。医師と看護師が常駐し、看護師の夜勤もあるので、医療面では手厚く安心できます。1～3カ月の入所のあとに在宅復帰ができそうな場合は、自宅に戻り、在宅サービスを受けることになります。

入所期間は､原則的に3カ月と限られていますが、自宅への復帰が難しい場合は更新することもできます。実際はいろいろな事情で自宅に帰れない高齢者の割合が多く、長期にわたる入所者が多いのが現実です。施設の利用率も90％と高いので、入所はなかなか難しいといえます。

介護老人保健施設入所までの流れ

状態

・病状は安定し、退院することになったが、在宅での介護ができない

相談

・病院内の医療ソーシャルワーカー（退院後の暮らし方についての相談、介護保険についてのアドバイスなど専門的な立場から相談に乗ってくれる）
・ケアマネジャーや市町村の介護保険課、地域包括支援センターなどに相談する
・インターネットなどで調べる

入所の実際

①施設に直接行くか、電話で連絡する
②入所の申し込み
③施設の支援相談員が利用目的・心身の状況・家族の意向等の調査を行う
④かかりつけ医に、診断書を作成してもらう
⑤施設ごとに入所判定会議が開かれ、面接・実態調査・診断書等をもとに利用可能かどうか話し合われる
⑥**利用可**➡施設とサービス契約を行う
利用不可➡支援相談員が他機関・他サービスを紹介

入所後

・入所後3カ月ごとに施設内で判定会議が行われ、継続か退所かを判定。本人の心身機能回復の状況や家庭の受入れ状況により、継続が必要と判定されることもある

＊施設により異なるので、詳しくは各施設へお問い合わせください

介護老人保健施設の入所者の割合

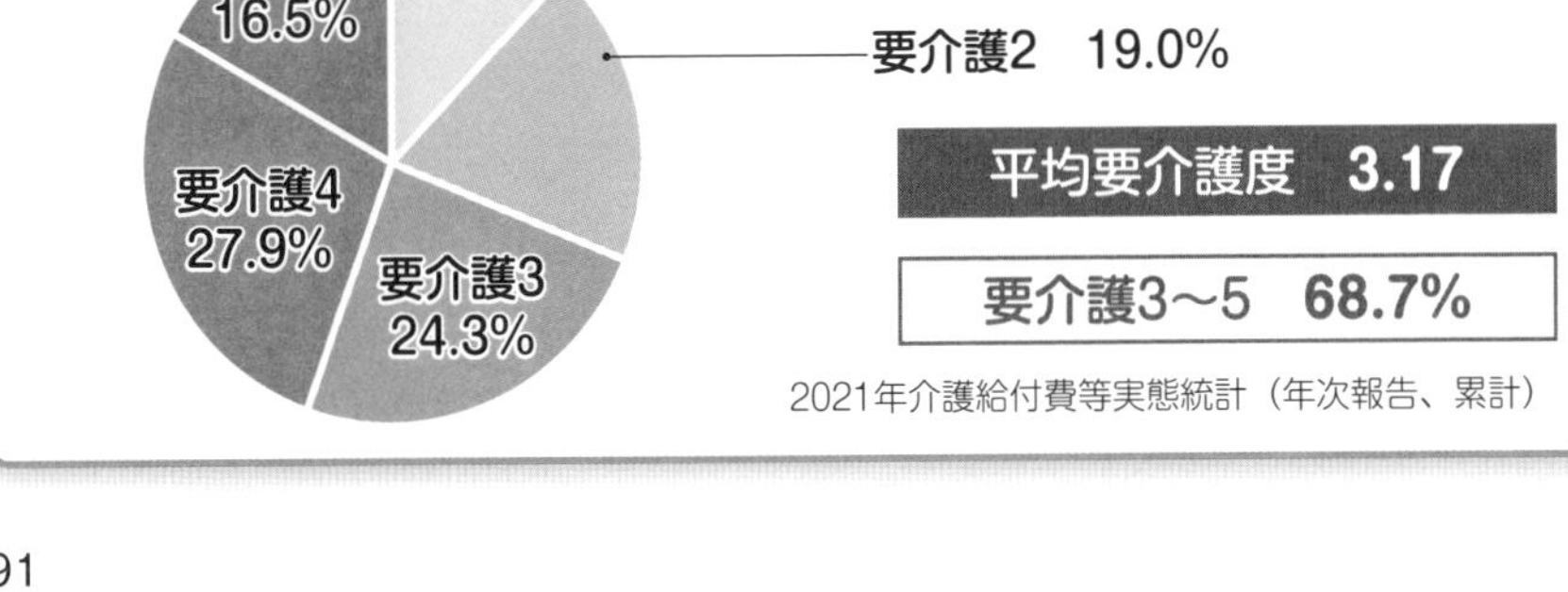

2021年介護給付費等実態統計（年次報告、累計）

3-④

医療の必要がある人は「介護医療院」

大事な3つ

①2018年4月施行の改正介護保険法で新設された介護保険施設
②廃止になった介護療養型医療施設の受け皿として誕生した
③長期の治療と日常生活での世話が必要な高齢者のための施設

介護医療院のおもな役割は、「長期療養のための医療」「日常的な医学管理が必要な重介護者の受け入れ」「看取り・ターミナルケア」といった医療機能と、特別養護老人ホームで行われるような「日常生活上の世話(介護)」を一体的に提供することです。

なお、この施設では、介護療養型医療施設と同様に、短期入所療養介護、通所・訪問リハビリテーションも提供することが可能です。

2023年に廃止された「介護療養型医療施設」に代わり、医療機能を備えた介護保険施設として2018年に誕生したのが「介護医療院」です。

誕生した年の2018年9月では63カ所しかなかった施設が、2022年には10倍の673カ所に増えています。「介護療養型医療施設」が廃止されたことで、今後さらに増えることが予想されています。また、この施設に入所する人の80%以上は病院からの転院で、自宅で暮らしていた人が直接入るケースは7%程度です。

介護医療院の入所者の割合

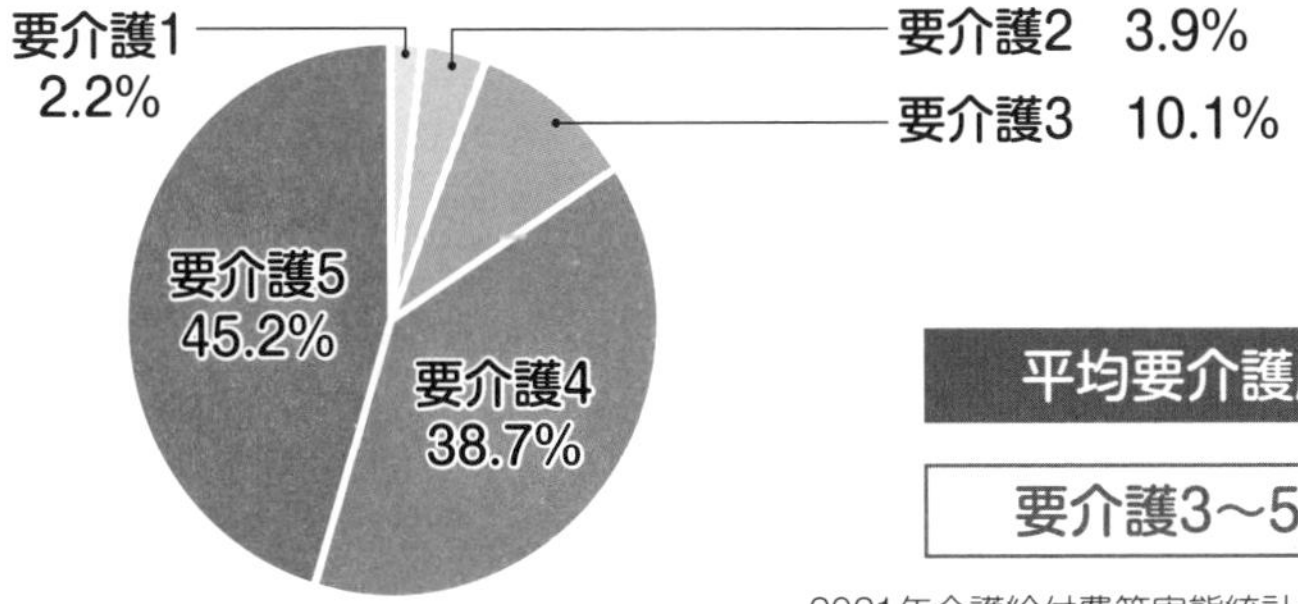

平均要介護度　4.21

要介護3〜5　94.0%

2021年介護給付費等実態統計（年次報告、累計）

介護医療院の基準

人員基準	医師	Ⅰ型： 48対１以上（施設で３以上） Ⅱ型：100対１以上（施設で１以上）
	薬剤師	Ⅰ型：150対１以上　Ⅱ型：300対１以上
	看護職員	６対１以上
	介護職員	Ⅰ型：５対１以上　Ⅱ型：６対１以上
	理学療法士、作業療法士、言語聴覚士	実情に応じた適当数
	栄養士	入所定員100以上の場合、１以上
	介護支援専門員	１以上（100対１を標準とする）
	放射線技師	実情に応じた適当数
設備基準	診察室	医師が診察を行うのに適切なもの
	療養室	１室当たり定員４人以下、 入所者１人当たり8.0m²以上
	機能訓練室	40m²以上
	談話室	談話を楽しめる広さ
	食堂	１m²×入所者数以上
	廊下幅	1.8m以上（中廊下は2.7m以上）
	浴室	身体の不自由な者が入浴するのに適したもの
	その他医療設備	処置室、臨床検査施設、エックス線装置、 調剤所

共同で生活する「認知症高齢者グループホーム」

大事な3つ

①要支援2以上の認知症高齢者が少人数で共同生活をする施設
②家庭的な環境で、家事などもスタッフと共同で行い症状の緩和を図る
③暴力などの問題行動があると退去させられることもある

「**認知症高齢者グループホーム**」は、認知症と診断された要介護の高齢者が、5~9人を1ユニットに3ユニットまでの少人数で共同生活をする施設です。

スタッフの支援のもと、認知症の進行を抑えながら、普通の住宅に近い家庭的な雰囲気のなかで暮らすのが特徴です。入居者用の個室のほかに、キッチンや食堂、居間や浴室などの共同スペースがあり、入居者もそこでスタッフといっしょに調理をしたり買い物へ行ったりと、状況に応じて家事を分担しながら生活します。**地域密着型サービス**なので、入居できるのは、原則として施設のある市区町村の住民に限られます。全国で14000以上の施設があり、施設数は年々増えています。

施設によっては、認知症の症状が安定せず、暴力をふるうなど問題行動があると、入居を断られる場合があります。また認知症が重くなって共同生活が難しくなると、退去を求められることもあります。契約前に退去の条件、退去の際の受け入れ先、一時金は返金されるのかなどを、よく確認しておきましょう。

認知症高齢者グループホームの施設詳細

居室の広さ	1人当たり7.43m^2以上 1ユニット：5〜9人　1施設3ユニットまで（最大27人）
人員基準	計画作成担当者（介護支援専門員など）、介護職員：日中は入居者3人に1人、夜勤スタッフ1人

※居住費の前払いが必要な施設もあります

認知症高齢者がグループホームで暮らす利点

規模の大きな高齢者向け施設

- 大きな施設では、自分がどこにいるかわからず、迷ってしまいやすい
- 人数が多いと、見知らぬ人に対応できず、不安になる
- 認知症特有の症状が理解されにくい
- 他の高齢者、障害者と画一的なケアを受けやすい

↓

大きなストレスがかかる

↓

症状が悪化する

認知症対応型グループホーム

- キッチンや風呂場などの規模が大きすぎず、自宅と似たような環境なので、安心できる
- 少人数のため、周りの人たちと「なじみの関係」がつくりやすい
- 料理や掃除など、スタッフと見守られながら共同で行うので、危険が少ない
- 日常の家事など、過去に体験した役割をまた行うことなどで、自信を取り戻せる

↓

混乱せず、落ち着いて普通の生活を送れるようになる

心が癒され、生活に満足できるようになる

↓

症状の緩和

介護のお金③

施設の居住費や食費を軽減できるしくみがある

介護保険施設（地域密着型特別養護老人ホームを含む）やショートステイ利用の居住費（滞在費）と食費は介護保険給付の対象外です。その額は施設ごとに利用者との契約によって決まりますが、公的な制度に基づいて「基準費用額」が決められています。

その負担額の軽減として、年金などの所得に応じて、「高額介護サービス費の支給」（48ページ参照）と同様に、段階的に負担限度額が設けられています。市区町村に申請し「**介護保険負担限度額認定証**」の交付を受けると、下記のような負担になります。

居住費と食費の負担限度額

対象者区分	居住費				食費	
	従来型個室	多床室	ユニット型個室	ユニット型準個室	ショートステイ	左記以外
第1段階	490円(320円)	0円	820円	490円	300円	300円
第2段階	490円(420円)	370円	820円	490円	600円	390円
第3段階(1)	1.310円(820円)	370円	1,310円	1,310円	1,000円	650円
第3段階(2)	1.310円(820円)	370円	1,310円	1,310円	1,300円	1,360円

※介護老人保健施設、介護療養型医療施設の料金
※(　)内の金額は、介護老人福祉施設（特養）に入所した場合、またはショートステイを利用した場合の金額です。　※このほか預貯金等の額が認定要件になります。

第1段階　老齢福祉年金受給者で世帯全員が住民税非課税、または生活保護受給者／**第2段階**　世帯全員が住民税非課税で、本人の年金受給額等が80万円以下／**第3段階（1）**　世帯全員が市民税非課税で、年金収入等が80万円超え120万円以下　**第3段階（2）**　世帯全員が市民税非課税で、年金収入等が120万円超え

第4章

有料老人ホームの賢い選び方

4-①

有料老人ホームってどんなところ？

大事な3つ

①入居希望者と事業者の自由な契約で入居が可能
②設備やサービス内容、料金はホームによって異なる
③介護サービスの提供のしかたによって3タイプに分類される

「有料老人ホーム」とは、介護や生活支援、食事、医療関連、レクリエーションなどのサービスが受けられる高齢者向けの集合住宅のことです。有料老人ホームでの暮らしを望む高齢者が増えたことや、手厚い介護が受けられる住まいとして期待されていることから、ここ数年急激に数を増やしています。

介護が必要な人も必要でない人も選ぶことができます。また、特別養護老人ホームなどの介護保険施設と違い、希望者と事業者の自由な契約で入居が可能なので、部屋に空きがあり、契約条件が折り合えば、すぐに入居することができます。

有料老人ホームは、介護サービスの提供のしかたによって「**介護付き**」「**住宅型**」「**健康型**」の３タイプに分類されています。ただし、介護以外のサービスや設備の充実度などは、施設によってさまざま。料金も施設によって異なり、介護保険でまかなえる費用以外は、全額自己負担が原則です。入居先を検討する際は、自分が希望するサービスの有無や料金体系について、できるだけ具体的にチェックするようにしましょう。

有料老人ホームの3つのタイプ

①介護付き有料老人ホーム

外部サービス利用型

介護サービスの提供のしかた：施設内で介護サービスを受けることができる
ケアプランの作成：ホームのスタッフが行う
実際の介護サービスの提供：ホームから委託された外部の事業者が行う

一般型

介護サービスの提供のしかた：施設内で介護サービスを受けることができる。
ケアプランの作成：ホームのケアマネジャーが行う
実際の介護サービスの提供：ホームのスタッフが行う

②住宅型有料老人ホーム

介護サービスの提供のしかた：施設内で介護サービスを受けることができる
ケアプランの作成：ホーム以外の外部のケアマネジャーに依頼することもできる
実際の介護サービスの提供：入居者が依頼した外部の事業者が行う

③健康型有料老人ホーム

介護サービスの提供のしかた：施設内で介護サービスを受けることはできない
介護が必要になったら：契約を解除し、退去するか、関連の介護付き・住宅型に転居するのが原則

4-②

ホームで介護が受けられる「介護付き有料老人ホーム」

大事な3つ

① 「特定施設入居者生活介護」の指定を受けた事業者が運営をする
② ホームに居住しながら介護を受けることができる
③ 「一般型」と「外部サービス利用型」の2種類がある

「介護付き有料老人ホーム」とは、都道府県から「**特定施設入居者生活介護**」の指定を受けた事業者が運営する施設です。パンフレットや広告に「介護付き」「ケア付き」などと記載することが認められているのは、この指定を受けているホームだけです。要介護・要支援の入居者数に対する看護・介護職員の最低人員が決められているほか、機能訓練指導員や生活相談員、ケアマネジャーなども所属しており、設備や運営方法についても具体的に基準が定められています。介護が必要になった入居者は、介護を受けながらホーム内での生活を続けることができます。

介護付き有料老人ホームは、「**一般型**」と「**外部サービス利用型**」に分けられます（63ページ参照）。一般型の場合、ケアプランの作成から実際の介護まで、すべてをホームのスタッフが行います。これに対して外部サービス利用型の場合、ケアプランの作成や安否確認、生活相談はホームのスタッフが行いますが、実際の介護サービスは、ホームから委託された外部のサービス事業者のスタッフが行います。

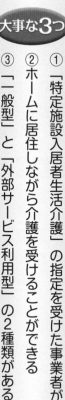

介護付き有料老人ホームの長所と短所

一般型

長所

- 介護が必要になっても、ホーム内で介護を受けながら生活することができる
- 24時間体制で必要な介護を受けることができるので安心
- 特殊なサービスを受けた場合を除き、1日あたりの介護費用が一定で安心

短所

- 介護スタッフの人数が限られているので、ホーム側のペースで介護を受けることになりがち
- 通所介護や外部スタッフの訪問看護を、介護保険を使って利用することができない（全額自己負担なら可能）
- 個別の要望に応えてもらいにくいホームもあり、生活がマンネリ化することがある

外部サービス利用型

長所

- 介護が必要になっても、ホーム内で介護を受けながら生活することができる
- 通所サービスや外部スタッフの訪問サービスも介護保険を使って利用することができ、一人ひとりの要望に合ったサービスを受けることができる
- ホームにケアマネジャーが常駐しているため、こまめにケアプランのチェックや変更ができる

短所

- 原則として、緊急時以外ホームのスタッフは介護を行わないため、ちょっとした頼みごとなどをしにくい
- 利用した介護サービスごとに費用を支払うため、介護保険の限度額を超えてしまった場合には費用が高額になる場合がある

4-③

介護は地域のサービスを利用する「住宅型有料老人ホーム」

大事な3つ

①食事などの生活支援サービスだけを提供する
②ホームに居住しながら介護を受けることができる
③介護サービスを受ける場合は入居者が事業者を選んで契約する

「住宅型有料老人ホーム」は、原則として食事などの**生活支援サービスだけを提供するホーム**です。介護が必要になっても住み続けることができますが、介護サービスを受けるためのしくみは一般の住宅に住んでいる場合と同じ。入居者本人や家族が外部の居宅介護支援事業者のケアマネジャーにケアプランを依頼し、外部の介護サービスを利用します。入居者とケアマネジャー、それぞれの介護サービス事業者が個別に契約することになるため、入居者本人の体調や希望に合わせた、きめ細かい介護を受けることができます。

ただし、ホームのスタッフは介護や介助をしないため、室内での移動など「ちょっとしたケア」を頼める相手がいない、という問題も起こります。こまごまとした介護や介助にまで訪問介護サービスを利用すると、介護保険の支給限度基準額をすぐに超えてしまい、自己負担する費用が高額になってしまいます。また、ケアプランは1カ月単位で立てるのが一般的なため、体調の変化などによって予定外の介護が必要になった場合の対応も難しくなります。

住宅型有料老人ホームの特徴

自宅で暮らすような感覚でマイペースで生活できる

　介護が必要になっても暮らし続けることができます。入居者の要望に合わせたケアが可能ですが、介護サービスを利用する際の手配は、本人や家族が個別に行う必要があります。

住宅型有料老人ホームの長所と短所

　介護が必要になっても、ホーム内で介護を受け（外部のスタッフが行う）ながら生活することができる

　通所サービスや外部スタッフの訪問サービスも介護保険を使って利用することができ、一人ひとりの要望に合った介護を受けることができる。

　緊急時以外、ホームのスタッフは介護や介助を行わないため、ちょっとした頼みごとなどをする相手がいない

　ケアマネジャーが常駐していないので、ケアプランの見直しや変更がしにくい

　利用した介護サービスごとに費用を支払うことになるので、介護保険の限度額を超えてしまって費用が高額になる場合がある

4-④

自立した高齢者が対象の「健康型有料老人ホーム」

大事な3つ

①自立して生活できることが入居の条件
②介護が必要になったら退去しなければならない
③全国的に見ても、施設の数が極端に少ない

「健康型有料老人ホーム」は、**介護を必要としない人**だけを対象とするホーム。食事などの生活支援サービスは提供していますが、介護が必要になるとホームに住み続けることはできません。老人ホームというより、「家事サービス付きのマンション」と考えたほうがよいかもしれません。ほかのタイプの有料老人ホームにくらべて居室が広く、共有スペースなども充実していることが多いのが特徴です。マイペースで生活することができるため、入居者には、自立して生活することはできるけれど家事を負担に感じている人や、いざというときひとりでは不安、という人が多いようです。

健康型有料老人ホームの場合、**介護が必要になったら契約を解除**して退去しなければなりません。ホームによっては、退去後に転居できるよう、介護付き有料老人ホームと提携していることもありますが、こうしたシステムがない場合、住む場所を探し直さなければなりません。契約時には、入居時に健康であっても、介護が必要となった場合の条件についてきちんと確認しておきましょう。

健康型有料老人ホームの特徴

自立して生活できる人が対象。要介護になったら転居が必要

入居時も入居後も、自立して生活できることが条件。家事などの生活関連サービスは受けることができますが、介護は不可。要介護になった場合は、原則として退去します。

健康型有料老人ホームの長所と短所

長所	短所
ほかのタイプの有料老人ホームにくらべて、居室の環境や共用設備が充実していることが多い	介護サービスはいっさい受けることができない
家事などの負担が軽くなり、マイペースで生活を楽しめる	介護が必要になると、退去しなければならない（※）
生活支援スタッフなどが常駐しているので、ひとり暮らしより安心感がある	要介護になって退去する場合、あらためて住む場所を探す手間がかかる
介護が必要にならなければ、自宅のようにマイペースで暮らせる	全国的に見ても、健康型の施設の数がとても少ない

※介護付き有料老人ホームなど、介護を受けながら居住することができる施設と提携している場合もある

4-⑤

ホーム選びで失敗しないために

大事な3つ

①希望の条件をすべて満たすホームはない、と考える
②ゆずれないことと妥協できることを決めておく
③入居者本人の気持ちを尊重し、時間をかけて慎重に選ぶ

設備やサービスの質などがほぼ一定の特別養護老人ホームに対して、有料老人ホームは施設によってそれぞれ特色があります。規模、サービス、立地、費用など一般のマンション選びと同様、すべての条件を満たす完璧なホームを探すのは難しいかもしれません。まずは入居者本人や家族にとって、ゆずれないことと妥協できる優先順位をしっかり決めておくことが大切です。そのうえで各ホームの長所と短所をチェックし、できるだけ条件に合うところを選びましょう。

ホーム選びを始める際に大切なのは、入居者本人の気持ちを尊重すること。本人が納得しないまま入居しても、快適に暮らすことはできないからです。また、時間をかけて複数のホームを比較検討することも必要です。本人の年齢や家族の事情で入居を急ぐ場合もあるでしょうが、あせりは禁物です。情報収集も見学も、ある程度数をこなしていけば、見るべきポイントもわかってきます。よさそうだと思っても即決せず、ほかの施設と見くらべながらじっくり選びましょう。

ホーム選びで失敗しないコツ

早く決めようとあせらない

すぐに入居したい場合でも、あせって決めるのは失敗のもと。複数のホームを見学するなどじっくり比較検討して決めるのが基本

本人の意思を尊重

ホームに入居することに本人が同意していることは大前提。条件の希望などもできるだけ尊重する

完璧な施設を求めない

希望を完全に満たすホームを探すのは難しい。優先順位が低い条件については妥協も必要

事前に情報を集める

インターネットやパンフレットなどを利用して多くの情報に目を通し、最低限の知識を身につけておく

4-⑥

入居・居住にかかるお金について知る①

大事な3つ

①主な費用は、入居一時金と月額費用の2種類となっている
②入居一時金0円の場合、月額費用が高く設定されている場合がある
③入居期間が短い場合は月払い方式、長い場合は一時金方式がトク

有料老人ホームに住むためにかかる主な費用は、入居する際に一括で支払う「**入居一時金**」と入居後に支払う「**月額費用**」です。入居一時金は、入居後の一定期間の居住費を事前に支払うもので、有料老人ホーム特有のシステムです。退去（死亡含む）にいたるまでの入居期間（1～10年）に応じて「**償却分**」の残額がもどるシステムを採用するホームもあります。多くの場合、「**終身利用権**」の費用と位置づけられています。月額利用料は、賃貸住宅の家賃のように毎月支払うもの。居室や共用設備の利用料のほか、食費や管理費、水道光熱費、介護関連費用などが含まれるのが一般的です。

最近では、入居一時金が不要のホームも増えてきました。費用の前払いをしない分、月額費用は高く設定されている場合もあります。入居一時金を支払う方法を「**一時金方式**」、支払わない方法を「**月払い方式**」といい、どちらの方法で支払うか選べるホームもあります。契約から90日以内に契約を解除した場合は、入居一時金を全額返還できる「**クーリングオフ制度**」があります。

一時金方式と月払い方式の特徴

一時金方式
入居時に一定期間の居住費をまとめて支払う

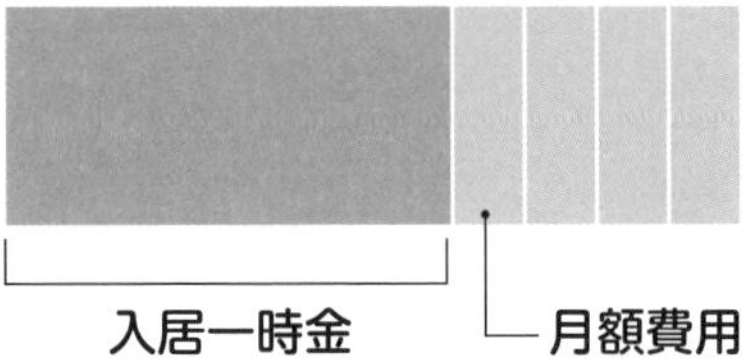

・月額費用は安くなる
・ホームの終身利用権の費用を兼ねていることが多いため、安心感がある

・入居時にまとまったお金が必要となり、負担が重い

月払い方式
居住費を月々支払う

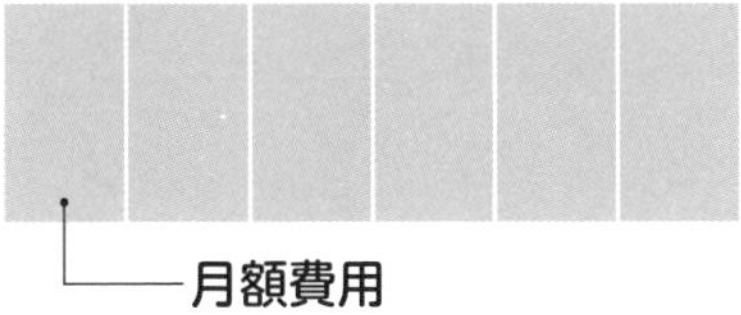

・入居時に特別な費用がかからない
・途中退去がしやすい

・月額費用は高くなる

支払い方法による費用の比較の例

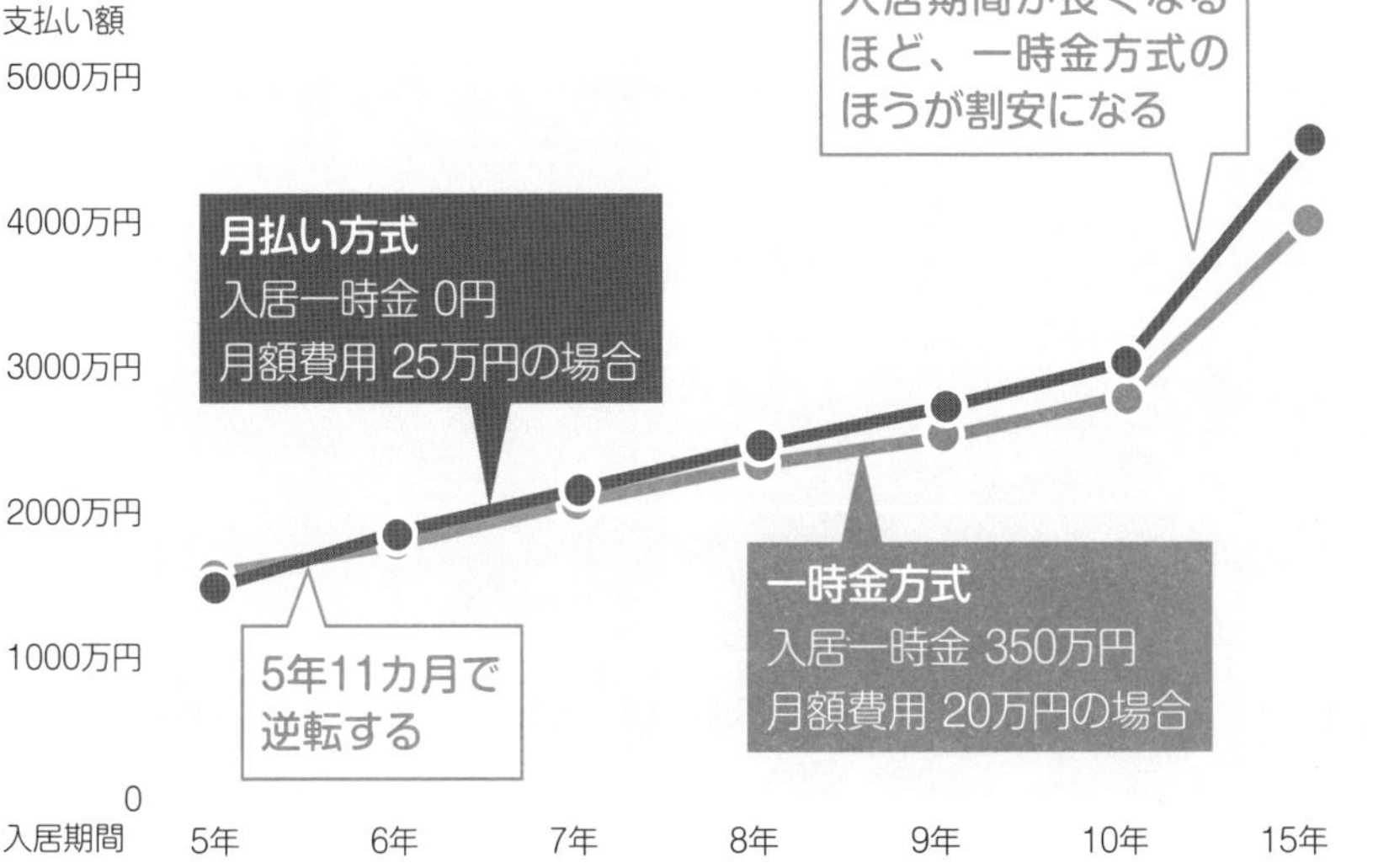

※入居一時金の返還分については考慮していない

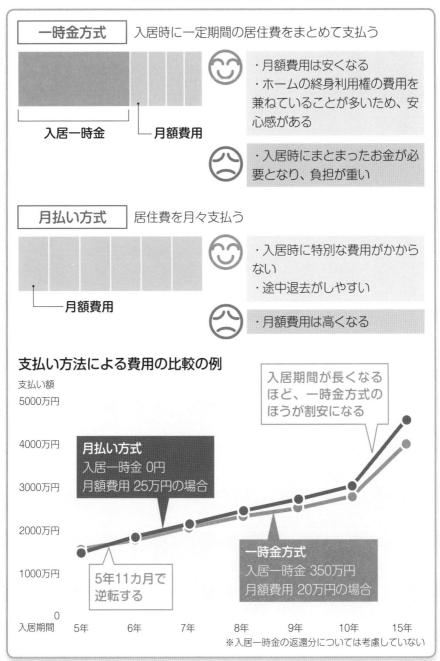

4-⑦

入居・居住にかかるお金について知る②

大事な3つ

①月額費用に含まれる内容はホームによって異なる
②管理費や介護関連費用の内容は、入居前に確認しておこう
③実費で請求されるものは、内訳や支払いシステムの確認をしよう

一般に、月々支払う「**月額費用**」には**家賃**をはじめ、**食費**や**管理費**、**水道光熱費**、**介護関連費用**などが含まれています。家賃は、居室や共用設備の使用料。食費はホーム内での食事にかかる費用で、実際の利用回数に応じて支払うことが多いようです。食材費のほか、厨房の維持費などが含まれている場合もあります。管理費は、ホームの人件費や維持費などで、実費ではなく定額で請求されることがほとんどです。内容はホームの規模によってさまざまで、水道光熱費などが含まれる場合もあります。介護関連費用は、介護サービスにかかる費用。介護保険を利用する場合は原則1割の自己負担分も含まれます。一般型の介護付きホームでは1日あたりの介護サービス費用は一定ですが、外部サービス利用型の介護付きホームや住宅型ホームは、利用したサービスの内容や回数によって金額が変わります。ほかに介護用品や日用品などの費用も必要。とくに介護用品は、ホーム指定のものを利用する場合、使った量にかかわらず一定額を支払うシステムになっていることもあります。娯楽費などは実費の場合もあります。

月額費用の内容の例

<table>
<tr><th colspan="2">費目</th><th>内容の例</th></tr>
<tr><td colspan="2">家賃</td><td>居室や共用設備の利用費</td></tr>
<tr><td colspan="2">食費</td><td>食事にかかる費用。食材費、厨房の維持費・人件費など。メニューが選べる場合や特別食（治療食を含む）を利用した場合は、費用に違いが出ることもある</td></tr>
<tr><td colspan="2">管理費</td><td>ホームの人件費・維持費など</td></tr>
<tr><td colspan="2">水道光熱費</td><td>水道・電気・ガス・電話などの利用料</td></tr>
<tr><td rowspan="3">介護関連費用</td><td>介護保険の自己負担額</td><td>介護保険を使って介護サービスを利用した場合の自己負担分（原則1割、所得により2〜3割）
一般型介護付き有料老人ホーム：1日当たりの介護費用は一定
外部サービス利用型介護付き有料老人ホーム、住宅型有料老人ホーム：利用したサービスの内容・回数によって費用が異なる</td></tr>
<tr><td>介護保険の適用外サービス費用</td><td>介護保険が適用されないサービスに対する費用。都道府県で定められた基準を超えるスタッフを配置している場合、その人件費なども含まれる</td></tr>
<tr><td>介護用品費</td><td>介護に必要なおむつなどの費用。ホーム指定のものを使う場合、使用した分だけ支払う場合と、使用量に関わらず一定額を支払う場合がある</td></tr>
<tr><td colspan="2">日用品費</td><td>生活に必要な消耗品類。料金が発生するものは何か、持ち込みが認められるものは何か、などを確認しておくとよい</td></tr>
<tr><td colspan="2">レクリエーション費</td><td>ホームで行われるイベントやレクリエーションの費用</td></tr>
</table>

4-⑧ 資金計画の立て方

大事な3つ

①一時金の捻出と入居後の月々必要な費用をシュミレートする
②ホームへの支払い以外の趣味・娯楽への支出も考えておく
③入居期間は予測できないので、余裕のある資金計画を立てる

有料老人ホームへの入居を考えるときは、長期に入居する資金計画もきちんと立てておく必要があります。もっとも大きな支出は、ホームに支払う「**入居一時金**」と「**月額費用**」。人によって異なりますが、主な資金源として預貯金、年金、家族からの援助、自宅などの不動産の売却などでしょう。

資金計画を立てる際、注意したいのは月々の支出です。入居後、ホームで何年間暮らすことになるのか予想できません。月額費用は介護サービスの利用状況などによってかわってきますし、介護報酬の改定による値上がりもあります。また、ホームへの支払い以外に、医療費や被服費、理美容代、個人的な交際費、趣味を楽しむ費用なども必要です。

有料老人ホームは福祉施設ではないので、途中で支払いができなくなった場合の救済措置はありません。入居後も安心して暮らしていくためには、余裕のある資金計画を立てておくことが大切です。預貯金を切りくずしていく場合は、入居期間を長めに見積もり、緊急用の支出などを差し引いたうえで、月々の支出可能額を考えるとよいでしょう。

資金計画の立て方

〈主な収入・支出〉

収入	預貯金・有価証券、公的年金、個人年金 家族の援助、不動産売却 その他（家賃・給与・利子・配当金など）
支出	**●ホームへの支払い** 入居一時金 月額費用 **●ホーム以外への支払い** 介護サービスの利用料金（※） 医療費・交際費・娯楽費　被服費・理美容代など ※住宅型有料老人ホームの場合。介護付き有料老人ホームでは、ホームへの支払いとなる

資金計画の例（75歳男性の場合）

資金　年金の月額 21万円
預貯金など 1200万円
緊急用の支出 300万円

予想入居年数
75歳男性の平均余命：11.4年（※）
→長めに見積もって15年

（平均余命は、厚生労働省「平成19年簡易生命表」より抜粋）

月々の支出可能額（入居一時金 500 万円の場合）の計算例

（預貯金などの資金－入居一時金－緊急用の支出）÷（12カ月×予想入居年数）＋年金の月額＝月々の支出可能額

↓

（1200万円－500万円－300万円）÷（12カ月×15年）＋21万円＝約23万円

※ここでは75歳男性の平均余命をめやすに計算しましたが、100歳を基準に計算する方法も有効です。

介護のお金 ④

自宅を売却することなく住み替え資金を支援してくれる制度がある

50 歳以上のシニアがマイホームを転貸《てんたい》して、有料老人ホームなどへの住み替え後の生活費に充当できるのが、一般社団法人「移住・住みかえ支援機構（JTI)」が実施している「**マイホーム借り上げ制度**」です。

自宅を売却することなく、住み替えや老後の資金に活用できるので安心です。また契約期間が 3 年単位なので、3 年ごとに解約できマイホームに戻ることも可能です。制度は 2 つのタイプがあります。

①終身型　利用者と共同生活者（配偶者など）の両方が死亡するまで、終身で貸すタイプ

②期間指定型　あらかじめ利用者が指定した期間を貸すタイプ

例）子どもが 10 年後に海外から戻るのでその間だけ貸したい

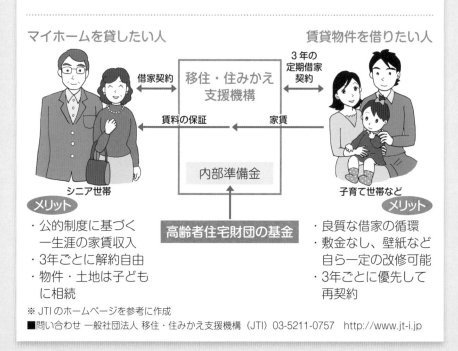

マイホームを貸したい人　　賃貸物件を借りたい人

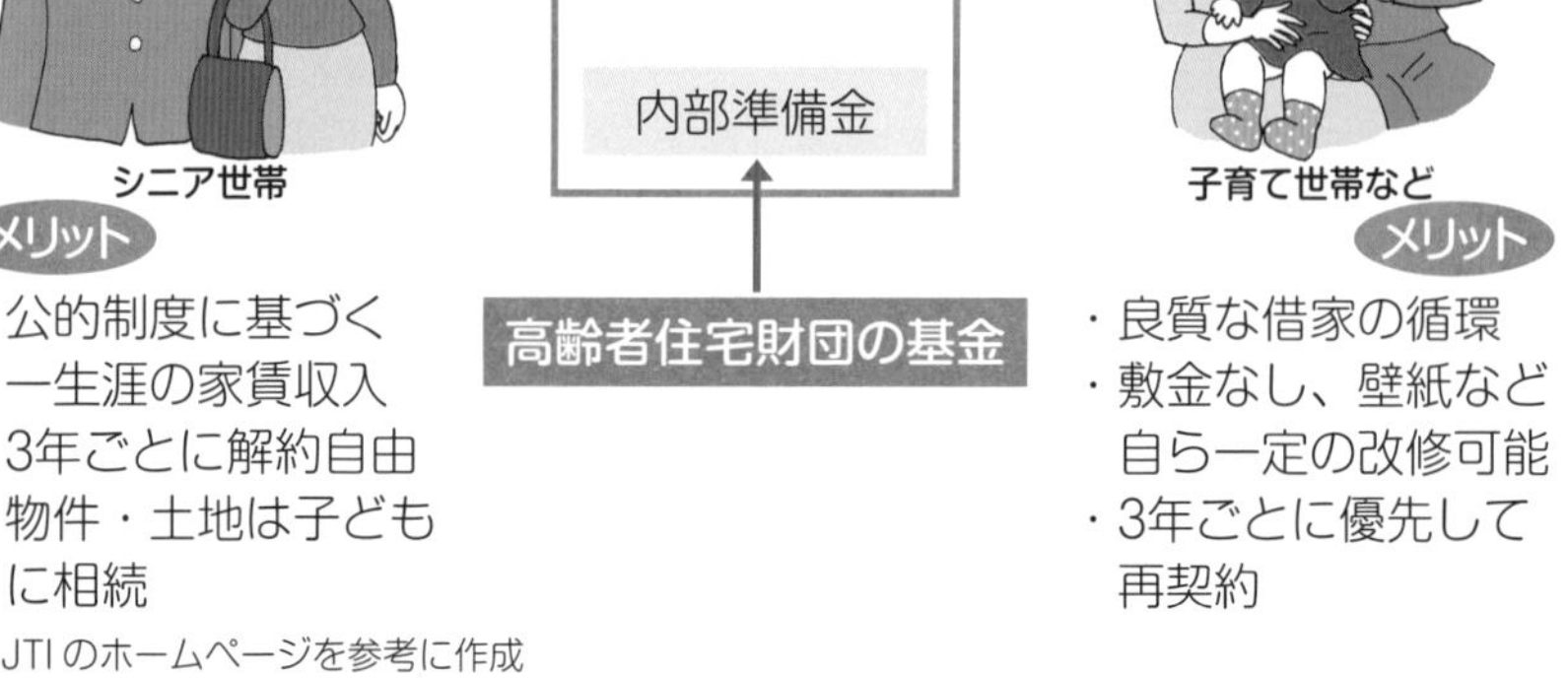

メリット
- 公的制度に基づく一生涯の家賃収入
- 3年ごとに解約自由
- 物件・土地は子どもに相続

メリット
- 良質な借家の循環
- 敷金なし、壁紙など自ら一定の改修可能
- 3年ごとに優先して再契約

※ JTI のホームページを参考に作成

■問い合わせ 一般社団法人 移住・住みかえ支援機構（JTI）03-5211-0757　http://www.jt-i.jp

第5章

有料老人ホーム選びの実践

5-①

有料老人ホーム選びの流れ

大事な3つ

①有料老人ホームに関する基礎知識を身につけてから情報収集を始める
②候補にあがったホームは見学をし、入居を希望するところには体験入居を
③ホーム選びや希望条件は、本人の意思を最優先する

有料老人ホームは、施設のコンセプトによって設備やサービス内容、費用などが大きく異なります。いざというとき、よりよいホームを選べるよう、ホームへの入居を考え始めてから契約までの基本的な流れを知っておきましょう。

最初にしておきたいのが、有料老人ホームに関する基礎知識を身につけること。入居に伴うメリットとデメリット、施設による介護方法の違いなどに加え、介護保険についても勉強しておくと役立ちます。

次に、入居者本人と家族の状況を確認します。「**介護は必要か**」、「**認知症の症状は見られるか**」、「**家族はどのようなサポートができるか**」などを踏まえて希望条件をまとめ、できれば優先順位をつけておきましょう。その後、インターネットやパンフレットなどでいろいろなホームの情報を集めて比較検討をします。候補にあがったところがあれば見学をして希望を絞り込みましょう。契約前には必ず体験入居をし、設備やサービス内容をチェックしておきます。実際に契約する前に、あらためて入居者本人の意思を確認することも忘れてはいけません。

ホーム選びの流れ

基礎知識を身につける	・有料老人ホームの種類やそれぞれの特徴 ・ホームで暮らすことのメリットとデメリット ・ホームで受けられる介護サービス ・介護保険や年金についての基礎知識
入居者と家族の状況を確認する	〈入居者について〉 ・ホームへの入居を希望しているか ・介護は必要か。必要な場合、要介護度や必要な介護サービスは何か ・認知症の症状は見られるか ・入居時や入居後に必要な費用として、どの程度の支払いが可能か 〈家族について〉 ・入居前の準備や入居後に、どのようなサポートができるか ・金銭面での援助は可能か
情報を集める	・インターネットや雑誌、パンフレットなどで情報を集める ・候補にあがったホームには資料請求をする ・入居者本人と家族が希望する条件を話し合い、ゆずれないことと妥協できることなどを整理しておく
情報を比較検討する	・サービス内容や費用、環境や設備などをチェックし、条件に合うところを複数選ぶ ・見学に行った際、質問したいことを整理しておく
見学	・ホームへ足を運び、環境や雰囲気などを確認する ・疑問点などは、担当者に直接質問する
体験入居	・入居希望のホームが決まったら、最低でも1週間程度は体験入居をする
契約	・契約前に、本人の意思を再確認する ・契約内容に関する疑問点を残さない

5-②

有料老人ホームはこうして探す①

大事な3つ

①インターネットで都道府県が運営するサイトをチェック
②インターネットの紹介サイトや雑誌などの情報は広告が多い
③民間の紹介センターのほとんどは相談料が無料

有料老人ホームの情報を集める方法は、大きく次の3種類に分けることができます。

1つめが、インターネットを利用して都道府県が公表しているデータを見ること。現在ではすべての老人ホームが「**介護サービス情報公表システム**」というサイトで情報を公開することが義務づけられています。中立の立場で情報を提供していることに加え、公表する項目が一律であるため、複数のホームを比較検討するのにも便利です。

2つめが、インターネットの紹介サイトや雑誌などを見ること。ただし、ホームの情報をまとめて紹介している雑誌の場合、記事のほとんどが広告であることも珍しくありません。そのため、書かれている内容に偏りがある可能性も考えておきましょう。

3つめが、民間の**紹介センター**を利用すること。直接出向くのはもちろん、電話などで相談することもできます。紹介センターの多くは紹介者の入居が決まった際にホーム側から手数料を受けとるシステムになっているので、無料で利用できるところがほとんどです。

介護サービス情報公表システムの使い方と特徴

「介護サービス情報公表システム」(http://www.kaigokensaku.mhlw.go.jp/)にアクセスすると、全国の介護事業者が検索できます。地域にある介護保険施設や有料老人ホームの詳細情報も閲覧できます。

①「介護サービス情報好評システム」のトップページ

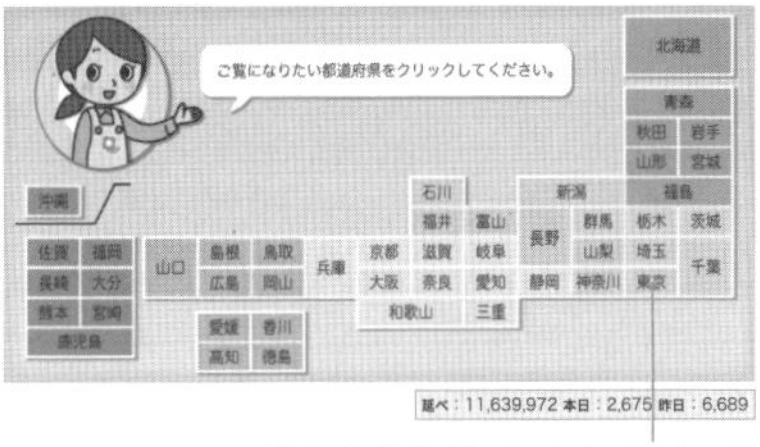

「東京」ならここをクリック

②都道府県の「介護事業所」を検索

ここをクリック

③目的や場所に合わせて事業所を探す

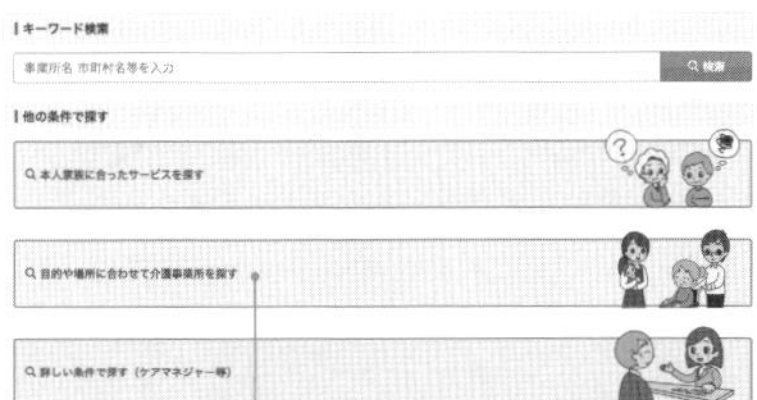

ここをクリック

④入所・入居を希望する施設を探す

ここをクリック

地域を選択

⑤さらに地域を絞って

受けたい
地域を選択

クリック

⑥施設の一覧が見られる

介護保険施設や有料老人ホームの
一覧が検索でき詳細情報が見られる

5-③

有料老人ホームはこうして探す②

大事な3つ

①友人・知人やケアマネジャーからのくちコミも貴重な情報
②希望のホームを絞り込んだら資料請求をする
③情報集めの段階で、希望する条件の見直しや変更も必要

情報集めの最初の段階では、多くの情報を見くらべることが大切です。入居者本人や家族の希望はさまざまですが、情報集めをするうちに設備やサービス内容と費用のバランスなどが見えてくるはず。結果的に入居の希望条件を見直したり、優先順位を変更したりしなければならないこともあるでしょう。現実的な条件が決まってきたら、念のため、違う視点からの情報も探してみます。本人や家族がホームに入居している友人・知人からの情報やセカンドオピニオン的なアドバイスのほか、インターネットのくちコミサイトなどをチェックしてみても。すでにお世話になっている人がいるなら、ケアマネジャーに相談してみるのもよい方法です。

条件に合いそうなホームがいくつかに絞り込めたら、資料請求をします。インターネットや電話で申し込めば、パンフレット類を送ってくれます。ただし、パンフレットだけでは情報が不足しているので、**「重要事項説明書」**（148ページ参照）や定期的に発行している広報紙・誌やお便りなども同封してくれるように頼みましょう。

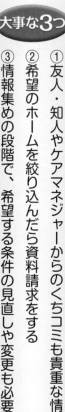

情報集めの流れ

いろいろな情報を見くらべる	・都道府県が公表する情報 （介護サービス情報公表システムなど） ・紹介サイト、雑誌や広告の情報 ・有料老人ホーム紹介センターの情報 など

↓

違う視点からの情報を探す	・友人・知人の情報やアドバイス ・ケアマネジャーからの情報 ・インターネットのくちコミサイト など

↓

希望条件の見直しや変更

集めた情報をもとに、希望条件を再検討。設備やサービス内容と費用のバランスなども考慮して、優先順位をつけ直す

情報の整理	条件に合いそうなホームをいくつかに絞り込む。この段階では、候補は多めに残しておく

↓

資料請求をする	・電話やインターネットで申し込む。 ・重要事項説明書も同封してもらうとよい

↓

各ホームの資料を比較検討する

5-④ パンフレットの見方

大事な3つ

①ホームのパンフレットは「広告」の一種と考える
②写真、あいまいな表現、小さく書かれていることに注意する
③気になる点については、見学時に必ず確認する

ホームから送られてくるパンフレット類は貴重な情報源であり、ホーム側が発信する広告の一種です。広告の表記には法律で決められた一定のルールがありますが、それに違反しない範囲でホームをよりよく見せる工夫がされているのが普通です。入居者側が自分に必要なことを知るためには、きれいな写真や雰囲気のよさなどに惑わされず、ポイントを押さえて情報を確認するテクニックが必要です。

主に注意したいのは、**写真**、**あいまいな表現**、**小さく書かれていること**の3点です。まず、掲載されている写真は「もっとも見栄えがするもの」が使われていて、実際の状況は写真どおりではないと考えましょう。「こだわりの食材」「心地よい暮らし」「温もりのある空間」といった主観的な表現にも要注意。見学の際などに具体的な内容を確認する必要があります。

また、小さく表記されていることや注意書きなどにも、必ず目を通しましょう。「○○は別料金」など、入居希望者には必要だけれどホーム側は強調したくないことが書かれている場合があるからです。

パンフレットを見る際のポイント

①写真
もっとも見栄えがするものを掲載していることが多い。美しい植栽なども手入れが悪いと枯れていることがある

②あいまいな表現
「介護スタッフが充実している」「おいしい食事を提供」などどのようにでも解釈できる表現に注意

③小さな文字で書かれていること
ホーム側があまり強調したくないことが書かれていることが多い。入居希望者にとっては大切な情報である場合もある

施設の内外
新築や改築直後などの写真を掲載していることが多い

イメージを優先したキャッチコピー
ホーム側は、よい面を強調しているもの。例えば「自然が豊か」は、「周りに店もなく不便」な環境であることも

いやしの快適空間
○○ホーム
すべて個室仕様
産地直送！
こだわりの食材
入居一時金無料！
管理費月額5万円！！

費用の内訳
「管理費」などに含まれる内容によって、必要な費用が大きく変わる可能性も。内訳までしっかり確認する

不自然な言い回し
例えば大部屋をカーテンなどで仕切って「個室仕様」としているなど、「個室」と言い切れない理由がある可能性も

写真や説明文の注意書き
費用の有無や該当条件など、入居希望者にとって大切なことが書かれていることも多い

食事
標準的な食事ではなく、特別なメニュー（行事食）であることも

5-⑤

居住の契約方式を確認する

大事な3つ
①ホームとの契約は、所有権ではなく利用権という点を押さえておく
②居住の権利形態には3種類ある
③居住の権利形態は各ホームで決められている

有料老人ホームに住む権利の形式は、3種類に分けられます。1つめが「**利用権方式**」。契約時に入居一時金を支払い、ホームに住む権利とサービスを受ける権利を得るものです。老人ホームでもっとも多く採用されている方法ですが、根拠となる法律がないため入居者の権利が十分に守られておらず、経営する法人が変わった場合などに条件が変わり、結果的に退去せざるを得ないケースもあります。

2つめが「**建物賃貸借方式**」。居住の権利と介護サービスを受ける権利は別契約になっています。居住の権利は借地借家法で守られており、経営する法人が変わっても住み続けることができます。契約者（入居者）が亡くなった場合、居住の権利は相続の対象にもなります。

3つめが「**終身建物賃貸借方式**」。建物賃貸借方式の特別な形で、入居者が亡くなった時点で賃貸借契約が終了します。

こうした権利形態はホームによって細かく規定が決められており、入居者が変えることはできません。契約前に必ず確認しておきましょう。

有料老人ホームの居住契約

方式	利用権方式	建物賃貸借方式（賃貸借方式）	終身建物賃貸借方式
居住とサービスの契約	ホームに居住する権利とサービスを受ける権利が一緒になっている	ホームに居住する権利（一般の賃貸住宅と同じ）とサービスを受ける権利は別契約	ホームに居住する権利（契約者が亡くなるまで住み続けられる）とサービスを受ける権利は別契約
経営者がかわった場合	退去を求められる可能性がある	住み続けられる	住み続けられる
相続	できない	できる	できない（※）
根拠となる法律	とくになし	借地借家法 高齢者の居住の安定確保に関する法律	

※契約者が亡くなっても居住の権利は相続の対象にならないが、同居していた配偶者が契約者が亡くなってから1カ月以内に引き続き住むことを希望した場合、ホーム側は原則としてこれまでと同様の契約をしなければならない

5-⑥

生涯住み続けられるか確認する

大事な3つ

①終身介護をうたっていても退去を求められることがある
②認知症による行動・心理症状や長期入院などが退去の理由に
③退去を求められる具体的な事例について確認しておく

有料老人ホームを選ぶ際の大切なポイントの1つが、「**生涯住み続けられるか**」ということ。利用者側のニーズに応えて多くのホームが終身介護をうたっていますが、実際には途中で退去を求められることもあります。退去の可能性がある場合はパンフレットや重要事項説明書に記載しなければなりませんが、表現があいまいなものも少なくありません。よく見られるのが「ホームで規定している禁止行為が見られるとき」「ほかの入居者に危害を加える恐れがあるとき」といった表現です。認知症が進んでBPSD（妄想・暴言・暴力など）の症状があらわれるようになった場合などがこれに当てはまりますが、退去を求められるレベルはホームによってまちまちです。見学などの際に、実例を挙げてもらうなどして具体的に確認しておきましょう。

また、要介護度が高くなったり、医療必要度が多くなった場合（胃ろう、気管切開など）退去を迫られることもあります。ほかにも、月額利用料を数カ月滞納すれば、退去の対象になるので、これらについてもよく確認しておきましょう。

退去を求められるケースの例

ほかの入居者に危害を及ぼす
可能性がある

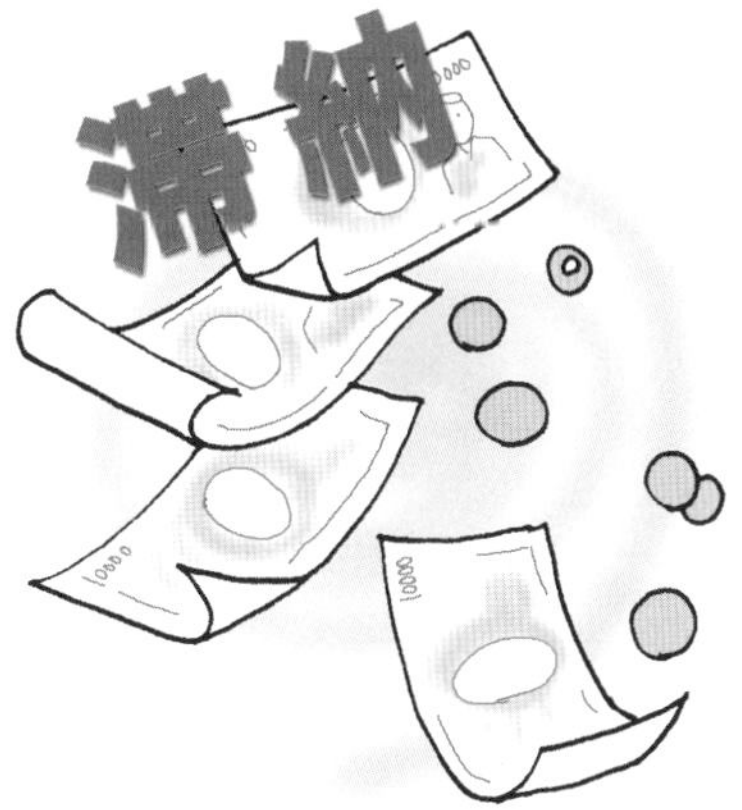

月額費用などの滞納

長期間の入院をし、医療的に
管理が必要になった場合

ホームで規定している
禁止行為が見られる

見学などの際に確認を!

- これまでに退去を求められた例とその理由
- ホーム側からの勧告で退去した人の数
- 退去させるかどうかを判断する基準
- 退去勧告の前に家族とホーム側が話し合う機会があるか
- 重度の医療的管理を理由に退去を求められることがあるか。ある場合、その期間 など

5-7

医療ケア体制を確認する

大事な3つ

①提携病院の有無だけでなく、場所や診療科目も確認する
②病気やけがの際、病院とホームの連携がどのようにとれているか
③ホーム内でのケアには看護師でなければできないものもある

有料老人ホームへの入居を考える年齢になると、何らかの不調や持病をかかえている人がほとんどです。入居後に病気にかかったりけがをしたりすることも当然考えられるので、医療や看護のサービスの充実度は気になるところです。

ホームの多くは病院と提携していますが、病院の場所や診療科目、診療体制によっては、入居者がメリットを感じられないこともあります。**提携病院とホームとの情報交換などがどのように密に行われているかを確認しておきます。**病気やけがをした際、体調に合わせて通院の手配やケアプランの見直しなどの対応をしてもらうことができれば、入居者や家族の負担も軽くなるからです。

また、ホーム内の医療サービスの内容も重要です。体温や血圧の計測、薬や経管栄養（※）の器具の管理、在宅酸素、インスリン注射などのケアは、原則として看護師でなければ行うことができません。とくに持病がある人は、ホームに常駐している看護師の人数や、ホーム内で受けることができる医療ケア、災害時の対応についても確認しておきましょう。

※経管栄養…鼻腔から胃や腸にチューブを挿入し、直接液状の栄養物を送り込むこと

医療ケアに関するチェック項目

①提携病院や協力病院があるか？

□ある

提携病院・協力病院について
□場所
□診療科目
□医師や看護師の数と質
□ホームと病院の連携はとれているか

通院について
□病院までの交通手段
□病院までの送迎はあるか（有料・無料）
□通院の介助はしてもらえるか（有料・無料）

□ない

□病気やケガをした際、入居者はどの病院で受診しているか

持病のある人は不向き

②ホームに看護師は常駐しているか

□している

□人数はどのぐらいか
□夜間の対応はどうなっているか
□入居者が必要としている医療ケアが受けられるか
□定期健康診断は行われているか

□していない

□ホーム内でどのような医療ケアが受けられるか

持病のある人は不向き

5-8

紹介センターの利用法

大事な3つ

①紹介センターを通じて、ホームの情報を集めることができる
②手数料などはかからず、無料で利用できるところが多い
③紹介センターの情報には、偏りがある場合もある

有料老人ホームの情報集めには、民間の紹介センターを利用する方法もあります。紹介センターは、旅行を計画している人にとっての旅行会社のようなものです。依頼側の希望条件などに関する相談を受けたうえで、条件に合いそうなホームをピックアップし、情報を提供してくれます。気に入ったところがあれば、見学や体験入居の手配から契約のサポートまで頼むことができます。

紹介センターの多くは、入居者を募集しているホーム側から会費や手数料を受け取っています。そのため、入居希望者は無料で利用できるところがほとんど。ただし、紹介先がそのセンターに会員登録しているホームに限られたり、中立的な情報を得にくかったりするデメリットもあります。担当者と顔を合わせる機会もあるため、「せっかく紹介してもらったから」という遠慮から、ほんとうは納得できないホームで妥協してしまう人もいるでしょう。よりよいホームを選ぶためには、紹介センターはあくまで情報収集の一環と考え、ほかのルートからも幅広く情報を集めることが大切です。

紹介センターの仕事の流れ

電話やインターネットで問い合わせ	相談できる内容の確認やセンターの資料請求、相談日時の予約など
↓	
センターの担当者に相談	センターの担当者と面談し、条件に合いそうなホームの情報を提供してもらう
↓	
情報の検討	紹介されたなかによさそうなところがあれば、センターに連絡し、見学の手配をしてもらう
↓	
ホームの見学	ホームの見学をする。センターの担当者が同行することもある
↓	
体験入居	ホームに体験入居をする。必要な手配は、センターを通じてすることができる
↓	見学や体験のあと、センターの担当者と面談。見学・体験入居が満足できなかった場合は、ほかのホームを紹介してもらう
契約	入居したいホームが決まったら、ホームと契約をする。センターの担当者が契約に立ち会うこともある

5-⑨

見学の流れと準備

大事な3つ

①必ず複数のホームを見学し、比較検討する
②事前に見学の予約をし、確認したいことなどをまとめておく
③最低でも一度は、入居者本人が見学する

パンフレットなどの資料を見て条件に合いそうなところがあったら、ホームに見学を申し込みます。見学は、ホーム選びの手順として欠かせないもの。実際に足を運ぶと、パンフレットなどからは伝わらない部分も見えてきます。注意したいのは、最初に見学したところが気に入っても即決しないこと。見くらべないとわからないことも多いので、必ず複数のホームを見学し、それぞれのよい点・悪い点・気になる点を踏まえて慎重に決めましょう。

見学を希望する場合は、まず電話などで見学の予約をします。当日までに資料を見直し、見ておきたいことや質問したいことなどをまとめておきます。複数のホームを見学すると記憶があいまいになりがちなので、**筆記用具やメモ、カメラなどを持参して重要事項はしっかり記録しておきましょう。**当日は予約した時間より早めに現地へ行き、周囲の環境や最寄り駅などからの交通手段などの確認を。入居予定者の健康上の理由などにより家族だけで見学した場合、契約前に最低一度は本人といっしょに見学し、入居者の意思を確認するようにします。

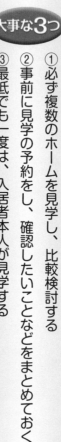

見学の流れ

予約～当日まで	見学の予約	見学を希望するホームに連絡を入れ、日時の予約をする。
	質問事項などをまとめる	ホームの内外で見ておきたいこと、担当者に質問したいことなどをまとめ、書きだしておく
	持ちものの準備	
当日	周辺環境を確認	少し早めに現地へ行き、周辺の環境や最寄り駅からのアクセスなどを確認する
	ホーム内の見学	担当者の案内でホームの内部を見学する。とくに見たいところがある場合は、遠慮せずに伝える 
	ホーム側からの説明	サービス内容などについて、ホーム側からの説明を受ける。わからないこと、確認したいことなどについては必ず質問を
見学後	情報の整理	ほかのホームと比較できるよう、メモや写真を整理する。ホームの印象やそれぞれの意見などを、入居者本人と家族で話し合う 

5-⑩ 見学時に見ておきたいこと

大事な3つ

①「見る」だけでなく、五感を働かせてチェックする
②食事は、可能なら試食させてもらう
③浴室では、プライバシーへの配慮の度合いも確認する

よりよいホームを選ぶためには、入居者や家族が**「目利きができる消費者」**になる必要があります。見学は、ホームの実態を見きわめるチャンス。限られた時間を有効に利用するためには、ポイントを押さえて見るべきところを見ることと、気になる点はきちんと質問することが大切です。

見学を成功させるコツは、「見る」だけなく五感を働かせること。例えば建物や部屋に入った際の臭いや室温、湿度には、清潔さや入居者の生活ぶりが現れるものです。また、入居後の暮らしやすさは、広さや間取り、設備の充実度だけでなく、「使われ方」によってもかわってきます。入居者の共用スペースでは、家具などの備品が乱雑に置かれていないか、清掃が行き届いているかなども見ておきましょう。

また、慎重にチェックしておきたいのが、食事と浴室です。浴室では、入浴回数と入浴時間帯もしっかり押さえてきましょう。食事は、可能なら試食させてもらい、メニューや味を確認します。浴室は、衛生面はもちろん、個人浴槽の有無などプライバシーへの配慮も重要なポイントです。

見学時の主なポイント

〈居室〉

- □広さや間取り
- □家具などの備品
- □トイレの使いやすさ、手すりの有無
- □日当たりと空調
- □窓からの眺め
- □電話やテレビの回線の有無・種類

〈施設全体〉

- □施設全体の間取り
- □共用スペースの充実度
- □廊下の広さ、手すりの有無
- □必要な設備や用具がそろっているか、清潔か
- □清掃は行き届いているか
- □家具などの備品は整頓されているか

〈浴室〉

- □清掃は行き届いているか
- □備品は整頓されているか
- □入浴の補助用具(シャワーチェアなど)はあるか
- □入浴時の同性介護は希望できるか
- □入浴時のプライバシーの配慮

〈食事〉

- □メニューの内容・量
- □味のよさ
- □食事はどこが作っているのか（外注か、レトルトか）
- □特別食（流動食など）の内容
- □メニューが選択制か
- □食事の介助のしかたと時間
- □器を確認する（自分の箸や食器は持ち込めるのか）

(184～187ページも参照)

5-⑪

見学時は「人」にも注目する

大事な3つ

①設備だけでなく、そこに働く「人」をよく見る
②スタッフの服装や態度、ことばづかいなどを確認する
③入居者のようすもさりげなく観察する

ホームに見学に行くとつい設備の面にばかり目が行きがちですが、「人」をよく見ることは大切です。ホームの雰囲気とケアの質は、そこで働くスタッフに左右される部分が大きいからです。まず、見学の案内をしてくれる担当者の身だしなみや態度、説明のしかたなどに注目。服装やことばづかいに乱れはないか、質問に的確に答えることができるかなどをチェックしましょう。ホーム内で働くそのほかのスタッフもしっかり観察を。過剰に忙しそうだったり、表情が暗い人が多かったりするホームは要注意です。人員不足、待遇がよくないといったスタッフの不満は、最終的に入居者への不十分なサービスにつながってしまうことが多いからです。入居者に接する態度や話しかける言葉や声に、礼儀正しさや思いやりが感じられることも大切なポイントです。

スタッフのほか、入居者のようすもさりげなく見ておきましょう。入居者の服装がだらしなかったり、どことなく清潔感がなかったり、臭ったりするのは、入浴や着替えの介助といったホーム側のケアが行き届いていない証拠です。

こんなホームは要注意！

〈見学の案内をする担当者〉

□服装がだらしない
□ことばづかいが乱れている
□あいさつがきちんとできない
□態度に好感がもてない
□見学者の質問をはぐらかす
□質問にきちんと答えられない

〈そのほかのスタッフ〉

□服装がだらしない
□ことばづかいが乱れている
□あいさつがきちんとできない
□過剰に忙しそう
□表情が暗い
□入居者への接し方に好感がもてない

〈入居者〉

□表情が暗い、うつろ、つまらない
□服装がだらしない
□どことなく清潔感がない

5-⑫

見学時に聞いておきたいこと

大事な3つ

①費用やサービス内容に関する疑問はあいまいなままにしない
②的確な質問ができるよう、十分に下調べをしておく
③重要事項説明書やホームの管理規定など、参考になる書類をもらっておく

見学は、ホームのスタッフと直接話をする機会でもあります。実際の暮らしを考えると、見ただけではわからないことも多いもの。気になることやわからないことは、遠慮せずに質問しましょう。何が「暮らしやすさ」につながるかは、人によって違います。入居者本人や家族が知りたいことは、どんなに細かいことを聞いてもよいのです。設備やサービス内容に関して不足を感じる部分があれば、個別対応が可能かなどの要望をぶつけてみてもかまいません。費用の面もあいまいにせず、わかるまで確認を。費用や基本料金に含まれる内容などはホームによってさまざまです。行き違いを防ぐため、「**重要事項説明書**」やホームの「**管理規定**」など、参考になる書類ももらっておきましょう。

時間をムダにせず、スムーズに見学を進めるためには、見学者側が下調べをしておくことも大切。ただ、ホーム内を自由に歩き回ったり写真を撮ったりする際はホーム側の了解をもらいましょう。入居後、ホームとよりよい関係を築くためにも、見学者側も気配りを忘れないようにしましょう。

聞いておくとよいことの例

日常生活のスケジュール	➡入居者本人の生活スタイルに合うかどうかを確認する □食事の時間は選べるか □入浴の時間は選べるか □門限の有無　など
費用について	➡必要な費用やその内容、別料金になるものなどを確認する □入居一時金の有無と金額 □月額費用の概算 □月額費用の各費目に含まれるもの □別料金になるサービスの種類とそれぞれの費用 □退去する場合の返金額（償却額）　など
家族の訪問	➡家族が自由に訪問できるかどうかを確認する □訪問の曜日・時間帯などに制約があるか □家族が宿泊できる部屋があるか
その他	➡入居者本人や家族が気になることは、細かいことでも確認を □運営懇談会など、家族が意見を述べる場が定期的に設けられているか □食事にはレトルト食品が使われていないか □ホーム内にある売店の営業時間 □入居後、居室がかわることがあるか □ティッシュペーパーなどの消耗品をもち込むことはできるか □地震など災害時の対応 □看取りまで行ってもらえるか　など

5-⑬

認知症のケアについて確認しておく

大事な3つ

①入居時に自立していても、認知症のケアについて確認しておく
②退去を求められる場合について、具体的に聞いておく
③ホームで可能なケアの内容や居室の移動についても確認する

認知症は、年齢が上がるほど発症の可能性が高まります。入居時には発症していなくても、将来に備えて、認知症の入居者に対するホーム側の対応やケアについて確認しておくと安心です。

認知症の症状は人によって異なりますが、ある程度症状が進むと、日常生活に何らかの介護や介助が必要になります。健康型有料老人ホームは自立していることが居住の条件なので、認知症を発症すると、別のところに住み替えなければなりません。介護付きホームや住宅型ホームは原則として認知症を発症しても住み続けることができますが、認知症が原因でほかの居住者に危害を加えるなどのBPSDなどの行動が見られる場合は、退去を求められることもあります。また、介護のしやすさや入居者本人の安全を守るため、症状に応じて居室の移動などが必要になることもあります。

認知症のケアへの力の入れ方は、ホームによってさまざまです。発症した場合、どのようなケアをしてもらえるのか、退去を求められるのはどのような場合かなど、具体的に確認しておきましょう。

認知症について確認しておきたいこと

入居・居住が可能か

認知症を発症していても入居が可能か。また、入居後に発症した場合、住み続けることができるか。

入居・居住が可能

居室の移動は必要か

認知症発症後、居室の移動は必要か。移動する場合、どのような費用が発生するのか

居室の移動が必要な場合、できれば発症後に住む可能性のある部屋やフロアも見学させてもらうとよい

どのようなケアを受けられるか

医療ケアの中には看護師でなければできないことも。また、スタッフの人数によっては十分に手が回らない可能性もあるので注意する

住宅型有料老人ホームの場合、原則としてホームのスタッフは介護サービスを行わないので、日常のちょっとした問題への対応方法なども確認しておく

退去を求められる可能性がある

退去を求められる場合

退去を求められる可能性があるのは、どのような場合か。事例を挙げて具体的に説明してもらう

〈例〉

- ほかの入居者に暴力をふるう
- 夜中に大声を出し、なだめてもおさまらない
- スタッフの介護を受け入れない

など

5-⑭

こんなホームは要注意・要チェック‼

大事な3つ

①見学者をせかせる態度や、はっきりしない言い回しには気をつける
②よい面ばかりを強調する話を鵜呑みにしない
③重要書類を先に見せない・渡さないのはサービス内容に自信がないから

有料老人ホームは福祉施設ではなく、あくまで**民間法人が経営する施設**です。そのため、施設の充実度や経営方針は、ホームによってさまざま。常に満室の人気が高いホームがある半面、空室を埋めるために1人でも多くの入居者を求めているホームもあります。見学時の案内役は、よい面を強調するのが普通です。入居希望者や家族は、案内役の説明に惑わされないように注意します。希望条件に合うかどうか、冷静に見きわめることが大切です。

とくに用心したいのが、契約を急がせる場合。「空室はすぐに埋まってしまいます」などのことばは、見学者を即決させるための営業トークである場合がほとんどです。どんな質問にも「よい答え」しか返ってこないのも要注意。良心的なホームであれば、長所と短所の両方をきちんと説明してくれるはずです。また、事前に契約書や重要事項説明書を渡さなかったり、見学を希望しても見せてもらえない場所があったりするのも、書類上の説明と実態に差があったり、設備やサービス内容に自信がないという可能性があります。

見学時の要注意ポイント

契約を急がせる

早く決めないと入居できないような印象を与えるのは、すぐに契約させるための営業トーク

よいことしか言わない

どんなホームにも、よい面と悪い面があるはず。よい面しか言わないホームは要注意

契約書などを事前に渡さない

書類を先に渡さないのは、入居希望者や家族にじっくり読まれたくないから

見学させない場所がある

見学を希望しても浴室などを見せない場合、設備や使われ方に問題があることも

空き部屋が多い

オープン直後ではないのに居室がたくさん空いている場合、人気が低い理由があるはず

説明があいまい

質問に対する答えがあいまいなのは、答えにくいことだったり知識不足だったりするせい

5-⑮

体験入居でようすを見る

大事な3つ
①気に入ったホームがあったら、契約前に必ず体験入居をする
②入居期間中に、設備やサービス内容、人間関係などをチェック
③家族もいっしょに訪問し、入居者とスタッフのようすを見る

気に入ったホームが数カ所見つかったら、契約の前に**体験入居**をしておくのがおすすめです。体験入居は、契約前の入居希望者が一定期間ホーム内で生活するシステム。入居一時金などは不要で、滞在した日数に応じて実費で費用を支払います。体験入居ができる期間はホームによって異なりますが、短い期間ではわからないことも多いので、できれば1週間ほど滞在してみるとよいでしょう。

体験入居の主な目的は、入居者本人がホームでの生活になじめるかどうか確認すること。介護が必要な場合は、良心的なホームは短期間であってもケアプランと、ケアプランに基づいた介護のサービス提供表が作られるので、介護サービスの質も知ることができます。入居期間中は、ホームの設備の使いやすさや食事の内容などをチェックするとともに、レクリエーションなどにも積極的に参加しましょう。ほかの入居者とスタッフと知り合い、親しくつき合っていけそうかどうか見きわめることも大切だからです。また、家族もできるだけいっしょに足を運び、入居者のようすを見るようにしましょう。

体験入居でチェックしたいこと

食事

メニューの内容や味、量、什器類は好みに合うか

居室・設備

居室に持ちこめる私物の量や共用スペースの設備の使いやすさ

介助・介護

必要な介助や介護を受けられるか。ケアプランは適切か

日常生活のサービス

掃除・洗濯・入浴などのサービスに満足できるか

スタッフ

スタッフの態度や仕事ぶり、国家資格を持つ人の人数の確認

人間関係

ほかの入居者とうまくつき合っていけそうか

5-16

身元引受人を決めておく

大事な3つ

①契約時には、1~2人の身元引受人が必要となる
②身元引受人は、金銭面や緊急時の責任者としての責任を負う
③身元引受人のほか、親しい人に代理人になってもらうとよい

契約時にはほとんどのホームで、1~2人の身元引受人を立てる必要があります。**身元引受人**は入居者の支払いに関する**連帯保証人**であると同時に、病気やけがといった緊急時の**連絡窓口**であり、入居者の判断能力が低下した際に意思決定をする**責任者**でもあります。さらに、入居者が亡くなった場合、身柄や所持品の引受人としての義務も発生します。家族や親せきが身元引受人になるケースがほとんどですが、金銭的な責任も伴うことなので、事前に十分な話し合いをしましょう。万が一、何らかのトラブルが起こった場合に備えて、費用の負担の分担や入居者本人の資産管理の方法などのとり決めを書面でしておくとよいでしょう。

身元引受人以外に、入居者本人と親しい人などに**「代理人」**を依頼するのもよい方法です。将来、成年後見人を依頼できる人でもよいでしょう。入居者と家族の話し合いの間に入ってもらったり、ホームでの生活を第三者の目で見守ってもらったりするのは、入居者にとってプラスになるはず。ホーム側にも、代理人として正式に紹介しておきましょう。

身元引受人の役割

金銭面の連帯責任を負う

契約者が費用を支払えなくなった場合などに、支払いの義務が生じる

緊急時の連絡先になる

ホーム側と家族の窓口として、緊急時の連絡などを受ける

本人にかわって意思決定をする

認知症などにより、入居者の判断能力が低下した場合、本人にかわって意思決定をする

亡くなった際の身柄の引受人になる

入居者が亡くなった際、身柄やホームにもち込んだ所持品の引受人となる

親しい人に代理人になってもらう オススメ!

●だれに?

入居者本人と親しい人。家族やホーム側の都合ではなく、「入居者のため」を考えてくれる人がよい

●どうやって?

ホームとの契約には関係ないので、口約束でもよい。正式な契約にしておきたい場合は、行政書士や弁護士に依頼して契約書を作成しておく

●何をしてもらう?

・ホームへ面会に行き、第三者としてホームでの暮らしをチェックしてもらう
・入居者本人と家族の意見が合わない場合などに、間に入って話し合いをサポートしてもらう

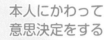

重要事項説明書の見方

大事な3つ

①重要事項説明書には、面倒がらずに必ず目を通す
②まずはサービス内容、費用など、ポイントを絞って読んでもよい
③重要事項説明書は早めに取り寄せ、見学前に読んでおくとよい

重要事項説明書は、**有料老人ホームの概要やサービス内容**をまとめたもの。ホーム選びをする際の資料として、もっとも役立つものです。重要事項説明書を作成するのはホームの義務です。記載されている項目が共通していることが多いので、複数のホームの説明書を取り寄せて見くらべると、それぞれの特色がわかります。

記載項目が多く文字も細かいため拡大コピーをしましょう。すべての内容に目を通すのは大変な作業です。でも、パンフレットなどには載っていないことや見学ではわからないことなども書かれているので、きちんと読んでおかないと、あとでトラブルの元になることも。慣れるまでは、149ページからの例を参考に、知りたいことや気になる点にポイントを絞って読みすすめていってもよいでしょう。

重要事項説明書は、資料請求の際に同封して送ってもらっておくのが理想です。見学までにきちんと目を通し、見学の際に見ておくこと、聞いておくことを整理し、一覧表にしておくと質問するのに役立ちます。

重要事項説明書の見方

①事業主体概要

ホームを経営する会社などの名称や所在地、連絡先などの基本情報。

②施設概要

施設の名称や所在地、連絡先、主な交通手段など。

施設の名称、所在地及び電話番号その他の連絡先		
施設の名称	○○ホーム	
施設の所在地	〒000-0000 東京都足立区○○町1-2-3	
施設の連絡先	電話番号	00-0000-0000
施設までの主な利用交通手段		
①JR○○駅よりホーム専用送迎バス、路線バス		
施設の類型及び表示事項	介護付き有料老人ホーム(一般型特定施設入居者生活介護)	

(例)

③職員に関する事項

ホームで働くスタッフに関する情報。

①スタッフの人数と勤務形態（常勤・非常勤／専従・非専従）
②スタッフがもっている資格
③スタッフの経験年数や、1年間の採用者・退職者数 など
④職種別の従業者の人数及びその勤務形態
⑤夜間最少時の人数（最低でも入居者30人につき1人をめやすにする）
⑥従業者の当該介護サービスに係る業務に従事した経験年数 など

④サービスの内容

①協力医療機関

ホームと協力関係にある病院などの一覧。入居者に持病がある場合、その病気の治療ができる病院があることを確認。内科だけでなく、整形外科や眼科、歯科などもあるとより安心

②入居後に居室を住みかえる場合

病気や体調の変化を理由に居室を移る場合の条件など

③入居の条件や契約の解除の内容

入居時の年齢や健康状態といった条件や、契約を解除して退去を求められる理由など

④入居者の状況

入居者の人数が、年齢や要介護度別にまとめられている

⑤**施設・設備の状況**

国の指導指針による基準・$13m^2$（※）以上あるのが理想。トイレや浴室の数、専用か共用かなどを確認

※独身寮などを改築した施設の場合は$9.9m^2$以上でもよい

この項目をチェック!!　**下記の項目が詳細に書かれていれば安心です。**

（例）

契約解除の内容	①入居者が逝去した場合（2名の場合はどちらとも逝去した場合） ②入居者から契約解除が行われた場合 ③事業者から契約解除が行われた場合 ・入居申込書に虚偽の事項を記載する等の不正手段により入居した場合 ・月払いの利用料その他の支払いを正当な理由なく、しばしば遅滞するとき ・入居者の行動が他の入居者または従業員の生命の危害を及ぼし、またはその危害の切迫した恐れがあるとき

事故発生時の対応（医療機関等との連携、家族等への連絡方法・説明等）	事故対応マニュアルに基づき、又は必要に応じ××総合病院または近隣医療機関への搬送・入院等の手配を行います。家族との連絡を密に行い、状況や経過報告を行います。又、事故についての検証、今後の防止策を講じます。

損害賠償（対応方針及び損害保険契約の概要等）	介護サービス等の提供にあたり、事故が発生し入居者の生命、身体、財産に損害が生じた場合は、地震、津波等の天災、戦争、暴動等、入居者の故意によるもの等を除いて速やかに損害を賠償します。ただし、入居者に重大な過失がある場合は賠償額を減ずることがあります。

損害賠償責任保険の加入状況		
なし	(あり)	㈳全国有料老人ホーム協会の「有料老人ホーム賠償責任保険」に加入し、サービス提供上の事故により入居者の生命・身体・財産に損害が生じた場合、不可抗力による場合を除き賠償されます。

⑤利用料金

①入居一時金の有無

一時金の償却年数とホームが倒産したとき（事業譲渡含む）入居一時金が返却される保全措置がとられているか

②月額費用の内訳

管理費、食費、水道光熱費、家賃相当額などの基本料金に含まれるものと別料金になるものを確認する

この項目をチェック!!　**下記の項目が詳細に書かれていれば安心です。**

（例）

入居一時金	
使途	一般居室、共用部分･共用施設の終身利用権及び基本サービス費の一部（入居一時金に含まれる基本サービス費部分は、15年償却の場合一律××××万円（税込）−2人入居の2人目は××××万円（税込）、10年償却の場合一律××××万円（税込）−2人入居の2人目は×××万円（税込）です。
解約時の返還金（算定方法等）	【15年償却の場合】 ・入居開始可能日に15%を償却するとともに、残金を毎月1/180ずつ15年で償却。 $\text{入居一時金} \times 0.85 \times \frac{(180-\text{在居月数})}{180\text{ヶ月}(15\text{年})}$ 【10年償却の場合】 ・入居開始可能日に10%を償却するとともに、残金を毎月1/120ずつ10年で償却。 $\text{入居一時金} \times 0.9 \times \frac{(120-\text{在居月数})}{120\text{ヶ月}(10\text{年})}$

介護費用の一時金	
算定の基礎	当該金額は費用設定時の長期推計額、内訳は、 ①要介護者等以外の生活支援サービス費×××万円 ②入居者に対する健康管理費×××万円 ③要介護者等の個別的選択サービス費×××万円 ④要介護者等の人員過配置サービス費×××万円（人員を基準以上に配置して提供するサービスのうち、介護保険給付（利用者負担を含む）による収入でカバーできない額に充当するものとして合理的な積算根拠に基づく。）

5-18

戻ってくるお金と戻らないお金

大事な3つ

①退去時に戻ってくる入居一時金の金額は契約によって異なる
②「初期償却費」は、戻ってこないお金と心得ておく
③「償却期間」を過ぎると、入居一時金は戻ってこない

ホームに入居後、入居者側の都合で退去したり、入居者が亡くなったりした場合、入居一時金の一部が戻ってくることがあります。返還される金額は入居期間や契約内容によって異なります。

入居一時金を支払うシステムの場合、月額費用とともに入居一時金の一部が月々の居住費にあてられています。契約時に注意したいのは、「**初期償却率**（**初期償却費**）」と「**償却年月数**（**償却期間**）」の2点。償却年月数は、ホーム側が入居者から預かった入居一時金を使い切る期間を表します。この期間を超えると、退去時に入居一時金は返還されません。初期償却率とは、契約した段階でホーム側のものになるお金の割合のこと。例えば入居一時金が５００万円で初期償却率が15％の場合、75万円が初期償却費となります。

一般に、途中退去する場合に戻ってくるのは、入居一時金から「初期償却費」と「居住した期間中の居住費などにあてられた金額」を引いたもの。**初期償却率が低く、償却年月数が長いほど、退去した場合に戻ってくる金額が多くなります。**

途中退去した場合に戻ってくるお金の例

	Aホーム	Bホーム
条件	入居一時金　500万円 初期償却率　15% 償却年月数　10年 初期償却費 500万円×15%=75万円 1年間で償却される金額 (500万円−75万円)÷10年 =42万5000円	入居一時金　500万円 初期償却率　20% 償却年月数　5年 初期償却費 500万円×20%=100万円 1年間で償却される金額 (500万円−100万円)÷5年 =80万円
居住期間	戻ってくるお金	戻ってくるお金
1年	382万5000円	320万円
2年	340万円	240万円
3年	297万5000円	160万円
4年	255万円	80万円
5年	212万5000円	0円
6年	170万円	
7年	127万5000円	
8年	85万円	
9年	42万5000円	
10年	0円	

初期償却率が低く、償却年月数が長いほど、退去時に戻ってくるお金が多い

※居住していた部屋の原状回復費など、別途必要な費用については考慮していない

5-⑲

契約のトラブルやホームの倒産に備える

大事な3つ

①契約後90日以内に解約すると、入居一時金が全額戻る制度がある
②契約時、「短期解約特例」に関する記載を確認する
③入居一時金の保全措置の有無・金額についても確認する

慎重に選んだホームでも、何らかの理由ですぐに退去を考えざるを得ないことがあります。本気で退去したいなら、準備や手続きは早めに進めるのが正解。現在では、有料老人ホームの契約に「**短期解約特例制度（クーリング・オフ制度）**」が導入されており、契約から90日以内であれば、居住期間分の利用料や居室の現状回復費などを除いて、入居一時金を全額返還してもらうことができるからです。ただしこの制度は厚生労働省の指針に基づくもので、法律で義務づけられたものではありません。契約時には「短期解約特例」または「クーリング・オフ」について契約書に記載されていることを確かめておきましょう。

有料老人ホームは民間の会社などが経営しているので、倒産する可能性はゼロではありません。2006年4月以降に開設されたホームには、500万円を上限に前払い金を保全することが義務づけられていますが、それ以外のホームのなかには保全措置をとっていないところもあり、**保全措置**の有無や金額についても、契約時の確認が大切です。

短期解約特例によって退去したいとき

①期間を確認する	契約した日から、90日以内。
②書面で通知する	必ず書面で通知する。トラブルを防ぐため、配達記録が残る「簡易書留はがき」や「配達証明つき内容証明郵便」などを利用するとよい

退去を通知する書面の例

○○年○月○日

○○県△△市××町9-8-7
株式会社×××ホーム
代表取締役　□□ 殿

契約者氏名
○○一郎（居室番号 123号室）㊞
代理人氏名
○○太郎　㊞
連絡先　○○県××市△△町1-2-3

契約解除通知

入居契約書第○条に基づき、平成○年△月△日付で締結した×××ホーム入居契約を解除いたしたく、通知いたします。

※契約解除の通知書の書き方には、とくに決まりがない。行政書士などに依頼して作成してもらうと、より安心

5-⑳

入居の準備と入居

大事な3つ

①契約前に、必ず入居者本人の意思を再確認する
②住所変更などの手続きは、早めに準備を始める
③ホームへ持っていくものは、本人に決めてもらう

入居希望のホームが決まったら、あらためて本人の意思を確認したうえで正式に契約をします。その後、入居日に合わせて入居の準備を始めましょう。

早めにとりかかりたいのが、行政関連の手続き。変更や届出が必要なものは人によって異なりますが、主な例としては157ページのようなものが考えられます。このほか、ホームの月額費用が口座引き落としの場合、指定の金融機関への口座開設などが必要になることもあります。引っ越し前の居住地でできる手続きに加え、ホームの所在地の市区町村役場などへ出向いたり、いろいろな書類を提出したりする必要もあるため、思った以上に時間がかかることもあります。

並行して進めたいのが、入居時の荷物の整理と分類です。有料老人ホームの居室はそれほど広くないことが多いので、持ち込める私物の量は限られます。最低限必要なものについては、ホーム側からアドバイスがありますが、身の回りの品によって暮らし心地もかかわるもの。何を持っていくかはできるだけ入居者本人に決めてもらいましょう。

入居前後に必要な手続き・準備の例

住所変更	引っ越し前とホームの所在地の市区町村役場に、それぞれ転出届・転入届けを提出する。同一市区町村内に転居する場合は、転居届を提出 →健康保険証、介護保険証、住民基本台帳カード、個人番号カード（通知カード）、印鑑登録証などの変更
国民健康保険・後期高齢者医療保険など	ホームの所在地の市区町村役場で手続きを行う
年金	「年金受給権者 住所・受取機関変更届」を、年金事務所に提出または郵送
介護保険	要支援・要介護認定を受けている人は、引っ越し前の市区町村役場で「受給資格証明書」や「住所地特例適用届」（該当する場合）を発行してもらい、ホームの所在地の市区町村役場に提出する
運転免許証	ホームの所在地を管轄する警察署または運転免許センターで手続きを行う
郵便物の転送	郵便局の窓口に備えつけの転送届に必要事項を記入し、ポストに投函する
電気・ガス・水道・電話・NHK受信料・インターネットなど	それぞれ電話やインターネットなどで停止や移転の手続きを行う

※転居に伴う手続きの方法は地域によって異なることがあるため、詳細は市区町村役場などに確認を

5-21 入居後の家族の役割

大事な3つ

①入居後も家族の定期的な連絡やサポートが必要
②家族で協力し合い、こまめに面会に行く
③ホーム側とのやりとり（電話・Eメール・訪問）は、身元引受人を中心に行う

入居の手続きや引っ越しが終わると、いよいよ有料老人ホームでの生活が始まります。自宅とは環境や生活のペースなどが大きく変わるため、入居者はストレスを感じることも多いでしょう。入居者がホームで快適に暮らしていけるようにするためには、入居後も**家族のサポート**が必要です。

とくに入居直後は、**こまめに面会**に行くことを心がけたいもの。できれば家族や親戚で話し合い、いつ、だれが面会に行くかを決めておきましょう。「時間がある人が、できるだけ会いに行く」といったあいまいな決め方は避けたほうが無難。みんなが「だれかが行っているだろう」と考えて、結局だれも面会に行かず、入居者にさびしい思いをさせてしまうことになりかねないからです。

ケアプランの打ち合わせや金銭面の管理などは、**身元引受人がホーム側との窓口**になります。入居前に念入りに調べていても、実際に生活を始めると変更や見直しが必要な点が出てくるもの。入居者や身元引受人の負担ばかり大きくなることがないよう、家族全員で協力していくことが大切です。

家族全員で入居者をサポート

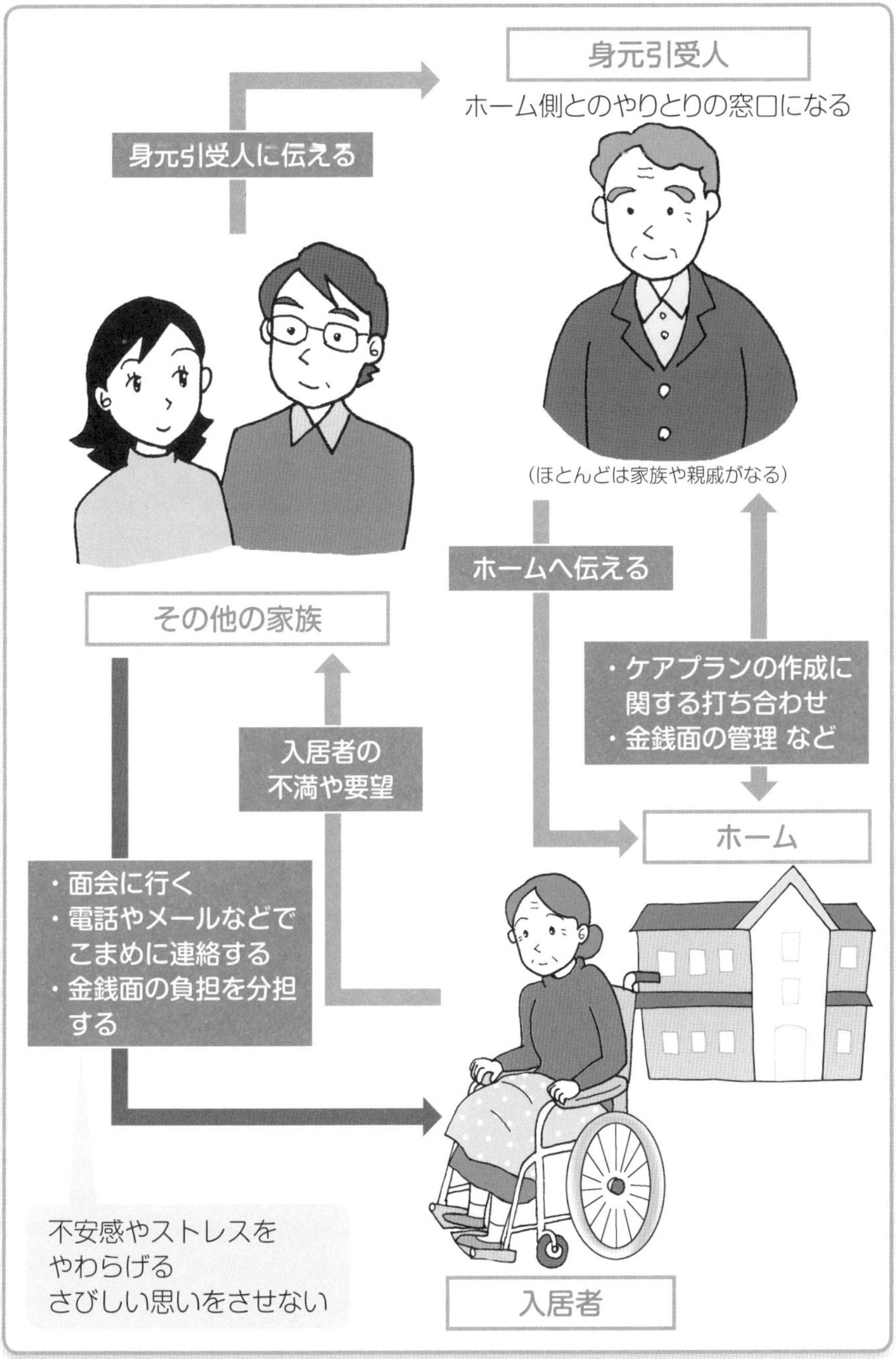
身元引受人
ホーム側とのやりとりの窓口になる
(ほとんどは家族や親戚がなる)
身元引受人に伝える
その他の家族
ホームへ伝える
・ケアプランの作成に関する打ち合わせ
・金銭面の管理 など
入居者の不満や要望
ホーム
・面会に行く
・電話やメールなどでこまめに連絡する
・金銭面の負担を分担する
不安感やストレスをやわらげる
さびしい思いをさせない
入居者

5-22

家族の面会

大事な3つ

①家族がこまめに面会に行くことが入居者の支えになる
②面会時は、入居者のようすをよく見て、話をよく聞く
③ホームの設備の状態やサービス内容にも目を配る

ホームでの生活がどれほど快適でも、入居者にとって家族の面会は大きな楽しみです。とくに入居者がホームでの生活や人間関係に慣れるまでは、こまめに会いに行きましょう。

生活の変化がきっかけとなって体調をくずしたり、うつっぽくなったり認知症などが進んだりする場合もあるので、面会に行った際は入居者のようすをよく観察します。

金銭的なことや家族の負担のことを考えて自分の本音を口に出さない人もいるので、家族の側が**入居者の表情や態度から気持ちを汲みとるように心がける**ことが大切です。どうしても面会に行けない場合は、せめて電話やメール・ハガキ・手紙などでこまめに連絡を取り合いましょう。

面会には、入居者を精神的にサポートすると同時に、ホームの設備やサービス内容をチェックする意味もあります。ホームに行った際は周囲やほかの入居者のようすによく気を配り、本人にも不満や要望がないかどうか聞いてみましょう。

家族の面会のポイント

入居者のようすをよく見る

環境の変化によって、体調をくずしたり認知症が進んだりすることも。面会の際は、いつもと違うようすが見られないか注意する

こまめに会いに行く

滞在時間は短くてもよいので、こまめに面会に行く。とくに入居者がホームでの生活に慣れるまでは、できるだけ頻繁に訪問を

入居者の不安をやわらげる

新しい生活を始めるのは不安なもの。家族が頻繁に面会に行くことは入居者のいちばんの支えとなり、精神的な安定にもつながる

入居者の話をよく聞く

面会に行ったら、入居者の話にじっくり耳を傾ける。ホームや家族に対する不満や要望をできるだけ聞き出すようにする

電話やハガキでも連絡をとる

家族の都合で面会に行けない場合は、電話やハガキ、メールなどでこまめに連絡をとる。入居者にさびしい思いをさせない工夫を

施設やサービス内容を確認する

個室や共用スペースの状態や本人のようす、話の内容などから、施設の使いやすさやサービスの充実度などを確認する

5-㉓ 家族の面会時のマナー

大事な3つ

① 訪問する家族もホームのルールやエチケットを守りましょう
② ほかの入居者への気配りを忘れない
③ スタッフにも感謝やねぎらいのことばをかけましょう

有料老人ホームは、入居者が**共同生活**を送る場です。面会時は、他の入居者やスタッフにも配慮しましょう。ほとんどのホームでは、面会や外出は入居者の自由ですが、外出・外泊の際はホームに予定を伝えておくなどの決まりがあったり、面会できる時間帯が限られていたりすることもあります。家族がホームやほかの入居者とトラブルを起こしてしまうと結果的に入居者本人に迷惑をかけることになるので、**ルールやマナーはきちんと守りましょう**。また、入居者の疾患や体調、事情がさまざまであることも忘れずに。かぜをひいているときは訪問を遠慮する、共用スペースではふるまいや話す話題などに注意する、といった気配りも必要です。

さらに、**スタッフへの配慮**も必要。入居者はホームの「お客さま」だからと、家族が横柄な態度をとったりするのはよくありません。スタッフとよい関係を築くことは、入居者の暮らしをより快適にするのにも役立ちます。スタッフと顔を合わせたら、いつもお世話になっていることへの感謝やねぎらいのことばを伝えるようにしましょう。

面会時に家族が心がけたいこと

スタッフへの配慮を忘れない

ほかの入居者に迷惑をかける言動は慎む

面会に関するホームの規則を守る

マナーを守らないと…

ホームとトラブルに

入居者本人のマイナスイメージにつながり、人間関係などに悪影響を及ぼす

ホームで暮らしにくくなる

マナーを守れば…

ホームとの関係が良好に

入居者へのサービスの質が向上

ホームでの暮らしがより快適になる

5-24

ホームに不満やクレームがあったら

大事な3つ

①正当な不満・要望は、遠慮せずホーム側に伝える
②ホーム側の意見も聞き、冷静に話し合う
③日ごろから家族の存在を印象づけ、サービスの向上につなげる

実際にホームで暮らしはじめると、入居者や家族に不満が出てくる場合があります。入居者の生活を快適なものにするため、気になる点は早めにホーム側に伝えることが大切です。ただし、ホームは共同生活の場なので、個人の希望がすべてかなえられるわけではありません。要望を伝える前に、まず内容が正当であるかどうか、よく考えて冷静に判断しましょう。ホーム側とは、「クレームをつける」のではなく「**相談する**」というスタイルで話し合いを。ホーム側の説明にも耳を傾け、ゆずれるところはゆずることも大切です。

サービスを向上させるには、ふだんから**家族の存在を印象づけておくこと**です。家族は、面会時にスタッフと積極的にコミュニケーションをとりましょう。家族からホーム側に働きかけることは、入居者のケアをホームまかせにはしない、という姿勢を示すことでもあります。「家族がよく見ている」という事実は、スタッフにとってありがたいことですが、同時に第三者の評価の目ともなるため、入居者へのサービスの向上につながる場合が多いのです。

ホームに不満を感じたら

不満を減らすために…

スタッフとコミュニケーションをとる

入居者のようすで気づいたことなどについて、家族からスタッフにどんどん情報を伝える

ホーム側が家族の存在を意識する

入居者の介護や生活面のケアに、家族が積極的にかかわっている、という印象につながる

スタッフの緊張感、使命感が続く

入居者へのサービス向上

ホームへの不満やクレームが改善される

①自分の要望を見直す

　不満に感じていることやホームへの希望の内容が身勝手なものでないかどうか、よく考える。家族で話し合ってみるのもおすすめ

②ホーム側と話し合う

　家族会の代表者が、ホーム側の責任者と話し合う。伝えたいことの内容を整理しておき、ホーム側に相談する、という姿勢でかかわる

③ゆずれるところはゆずる

　ホーム側の意見やアドバイスもよく聞き、ゆずれるところはゆずる。明らかな契約違反などの場合を除き、ホーム側と入居者側の両方が少しずつ譲歩することで問題が解決することもある

5-㉕

入居後のトラブル

大事な3つ

①日常的に起こる事故や病気のリスクへのホームとしての対応を聞く
②人間関係のトラブルはホームに伝えてサポートを頼む
③契約に関するトラブルは事前のチェックで予防する

十分に比較検討して入居先を決めた場合でも、実際にホームで暮らし始めると何らかのトラブルが起こることがあります。話し合いで解決できるものから退去につながるものまで、内容はさまざまです。

多く見られるトラブルは、大きく3種類に分けることができます。1つめが入居者の**ケガや病気**、2つめがホーム内の**人間関係**、3つめが**契約にかかわる問題**です。

ケガや病気に関しては、ホーム側の不適切なケアが原因の場合もあり、ホーム側に詳しく事情を聞くことは大切です。転倒や風邪、のどの詰まらせ、脱水などのリスクが要介護状態をさらに悪化させることがあるので、十分な説明を求めます。必要なら介護記録の提示を求めることもできます。人間関係は、入居者本人から話を聞いたうえでホーム側に相談し、サポートを頼むとよいでしょう。契約にかかわるトラブルは、契約前に条件を理解しておくことである程度防げます。明らかな契約違反の場合は、都道府県の消費生活センターや介護相談窓口などに相談してみましょう。

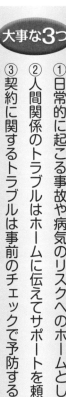

入居後に起こるトラブルのいろいろ

①ケガや病気

〈状況〉入居者が転んでケガをしたり、かぜをひいたりする

〈対処法〉日常的なケガや感染症のリスクは、自宅で生活している場合とほぼ同じ。ホーム側の責任が明らかな場合や、ケガや病気の経緯の説明が不十分な場合は、こちらから説明を求める

②人間関係

〈状況〉入居者がホーム内の人間関係に溶け込めない

〈対処法〉家族が入居者から話を聞き、状況を正しく理解する。家族としてアドバイスできることがあれば、入居者に伝える。同時にホーム側にも状況を伝え、サポートを依頼する

③契約に関すること

〈状況〉費用やサービス内容が思っていたものと違ったり、納得できない理由で退去を求められたりする

契約に関するトラブルは、次の2点を心がければ予防も可能！

①契約前に重要事項説明書や契約書をよく読み、内容を理解しておくこと

②日ごろからホーム側とコミュニケーションをとり、小さな問題点はトラブルになる前に改善してもらう

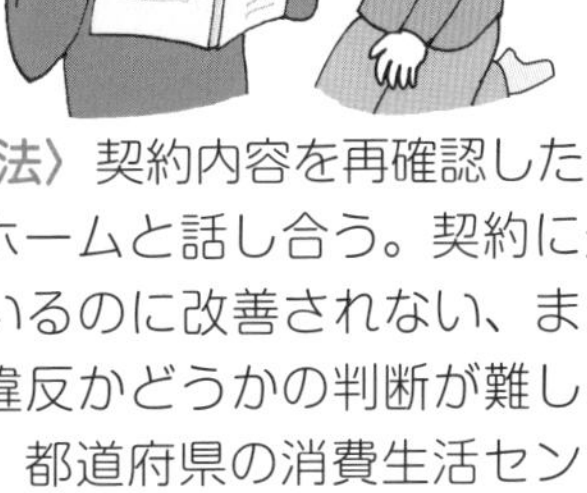

〈対処法〉契約内容を再確認したうえで、ホームと話し合う。契約に違反しているのに改善されない、または契約違反かどうかの判断が難しい場合は、都道府県の消費生活センターや介護相談窓口に相談する

介護のお金⑤

不動産を担保に生涯の生活費を融資してくれる制度がある

土地や家はあるけれど、老後の生活費が不安という高齢者は少なくないでしょう。不動産を担保に融資を受け、死亡後その不動産によって一括返済ができるしくみがあります。「**リバースモーゲージ**」という制度で、「住宅担保年金」と和訳されています。

公的機関や金融機関、住宅メーカーなどが主体となって、高齢者が所有する不動産を担保に生活資金や医療費などに充てる資金を、定期的あるいは一時的に融資するものです。死亡などによって契約が終了したら、担保としていた不動産で一括返済します。

ただし、都道府県の社会福祉協議会が実施する「**長期生活支援資金貸付制度**」というリバースモーゲージは、「住民税が非課税世帯であること」「マンションは対象外」といった条件ほかに、「その家に住み続けること」が第一の条件になっています。この点、民間の金融機関のリバースモーゲージは、住み替えに活用できる制度（商品）も各種用意されています。

リバースモーゲージのしくみ（代表例）

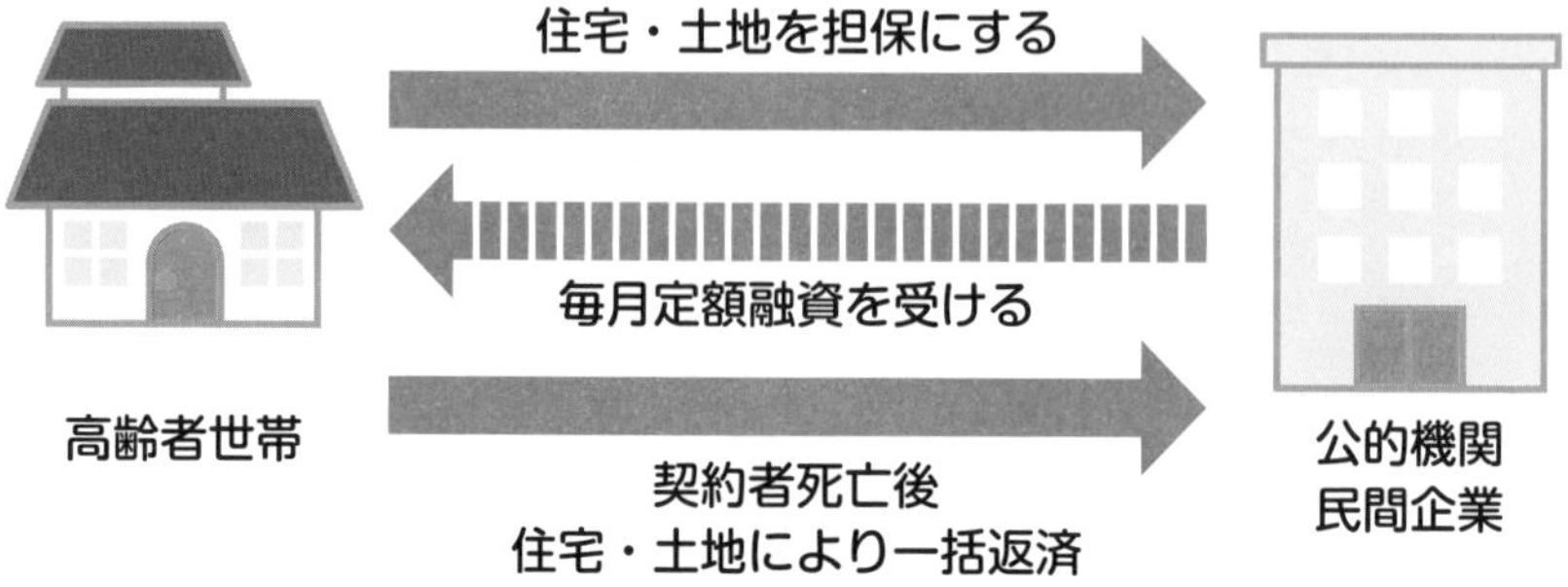

■問い合わせ 最寄りの社会福祉協議会、銀行などの金融機関

第6章

シニア向け住宅の賢い選び方

6-①

「シニア向け住宅」ってどんな住まい？

大事な3つ

①自宅に近いイメージで主体的な暮らしができる
②バリアフリー仕様で各種のサービス付きが多い
③特定施設の指定を受けた住宅なら介護サービスが利用できる

介護が必要になったとき、あるいは将来のために住み替えるとき、介護保険施設やグループホーム（第3章）、有料老人ホーム（第4章・5章）についてふれてきましたが、もう1つ「サービス付き高齢者向け住宅」などのシニア向け住宅があります。

シニア向け住宅は、共同生活が重視される介護保険施設や有料老人ホームよりも、よりプライバシーが尊重され自宅に近いイメージで主体的な暮らしができます。自立した生活が可能な夫婦や独居高齢者に向いていますが、賃貸契約型などのほかに見守りや食事などの各種のサービスが整った住宅も増えています。「自立」「将来が心配」「現在やや介護が必要」など、いろいろな高齢者に対応しています。さらに、特定施設の指定を受けた住宅であれば、有料老人ホームと同様に、介護保険の特定施設入居者生活介護を利用して介護サービスを受けることもできます。

また、賃貸タイプは、有料老人ホームに多い利用権方式とは違い、仮に事業者が倒産しても借家人の権利が借地借家法で守られているので安心です。

高齢者向け賃貸住宅と有料老人ホームの違い

	高齢者向け賃貸住宅	有料老人ホーム
プライバシー	プライバシーが重視される	共同生活のほうが重視される
暮らし方	自立しており、暮らし方は自分で決める	周囲との協調性を守る暮らし方が求められる
管理	自己責任が原則	管理されることが多い
生活支援サービス	自分で必要なものを選ぶ	事業者がまとめて提供してくれる
地域との関わり	比較的多い	比較的少ない
権利の形態	賃貸借方式	主に利用権方式
介護度が進んだとき	借地借家法により、契約した住宅に住み続ける権利がある	介護専用室や専用棟への移動もありうる
行政の関与	住宅行政が窓口。状況に応じて関与がある	福祉行政が窓口。行政に立入調査権がある

サービス付き高齢者向け住宅の費用

①住居費	家賃　共益費（管理費）	
②生活支援サービス費	基本サービス	緊急時対応・安否確認　生活相談 健康相談　ゴミだしなど
	選択サービス	食事（食堂・配食）サービス 家事（洗濯・掃除・買物など）サービス
③介護サービス	介護保険サービス	**特定施設**　運営する事業者と契約し特定施設入居者生活介護を利用 **特定施設でない住宅**　個人で外部事業者と契約し居宅サービスを利用
	介護保険外サービス	個別契約

6-②

所有権を買う「シニア向け分譲マンション」

大事な3つ

①所有権契約なので、売買・譲渡・相続・貸与が可能である
②設備や付帯サービス、価格は物件によりさまざま
③価格や管理費は、一般分譲マンションより高めとなっている

「シニア向け分譲マンション」〈「高齢者向け分譲マンション」、「分譲型ケア付きマンション」など〉は、高齢者を対象に、さまざまなサービスを提供する民間の分譲マンションです。呼び名がいろいろあるように、法律的な規制はとくになく、「高齢者が住みやすい分譲マンション」というのが共通のコンセプトのようです。館内はバリアフリー仕様で、高齢者に配慮した設備が整っています。

緊急時対応サービスのほか、掃除や買い物の手伝いなど、日々の暮らしを快適にしてくれる生活支援サービスが提供されるところもあります。

また、専門のスタッフや看護師が常駐している物件、診療所、リハビリセンター、訪問介護ステーションなどが併設されている物件、さらに病院と提携しているマンションもあります。

年齢制限を設けている物件とそうでない物件があり、家族との同居も可能です。賃貸住宅や有料老人ホームと違い相続もできます。そのぶん販売価格は割高で、緊急時対応などのサービスがあるため、毎月の管理費も高めの場合が多いようです。

シニア向け分譲マンションの特徴

メリット	相続ができる	所有権分譲方式なので、売却、相続、賃貸などが可能
メリット	家族も同居できる	入居に年齢制限のないものも多い。ひとり暮らしや夫婦だけでなく、兄弟姉妹、親子、友人同士でも同居可能な場合もある
メリット	高齢者向け設備が充実	バリアフリー、オール電化、シックハウス対策、アトリエ、カウンセリングルーム、露天風呂など設備が充実したマンションが多い
メリット	高齢者向けのサービスが充実	栄養指導サービス、ドクター訪問・定期健診サービス、併設のメディカルフィットネススタジオで運動療法指導など、サービスが充実したマンションが多い
デメリット	販売価格・管理費が高い	部屋の面積や共用施設のレベルなどによって価格はいろいろだが、販売価格も管理費も一般の分譲マンションより割高である
デメリット	転売しにくい	まだ価値が定まらないので、売却がスムーズにいかない可能性もある。だれも住まなくても管理費を払い続ける必要がある
デメリット	個々に介護サービスを利用	介護保険の認定を受けたとき、介護付き有料老人ホームのように「特定施設入居者生活介護」のサービスを受けることはできない。個々に介護事業者と契約し訪問・通所介護などの居宅サービスを利用する

6-③

高齢者向けにも賃貸型住宅がある

大事な3つ

①ハード面・ソフト面で安心な「サービス付き高齢者向け住宅」
②高齢の単身者や夫婦のみ世帯が住める賃貸住宅
③バリアフリーが条件で安否確認などのサービスが付いた住宅

高齢者が安心して暮らせる賃貸住宅

初年度3万戸程度であった「**サービス付き高齢者向け住宅**」は、10年間で年々戸数を増やし、現在では25万戸まで数を増やしています。

日常生活や介護に不安を抱く「高齢者単身・夫婦世帯」が住み慣れた地域で安心して暮らすことができるよう、創設されました。事業者は都道府県に登録します。24時間365日職員が常駐して適切な管理がなされているという安心もサービス付き高齢者向け住宅の特長です。

ハード面・ソフト面で選ぶことができる

ハード面ではバリアフリーなどが条件で、ソフト面では安否確認や生活相談が必須のサービス。さらに生活支援や介護・医療サービスの内容ではいろいろなタイプがあります。提供されるサービスの内容は、公開される登録情報で知ることができるので、サービスの内容や、家賃などの料金を検討して、自分のニーズに合った住宅を選ぶことができます。

サービス付き高齢者向け住宅の概要

入居者

・単身高齢者世帯
・高齢者＋同居者（配偶者／60歳以上の親族／要介護・要支援認定を受けている親族／特別な理由により同居させる必要があると知事が認める者）

※高齢者……60歳以上の者または要介護・要支援認定を受けている者

ハード面

・各居住部分の床面積は、原則25㎡以上（※）
（ただし、居間、食堂、台所その他の住宅の部分が高齢者が共同して利用するため十分な面積を有する場合は18㎡以上）
・各居住部分に、台所、水洗便所、収納設備、洗面設備、浴室を備えたものであること（※）
・バリアフリー構造であること。（段差のない床、手すりの設置、廊下幅の確保）（※）

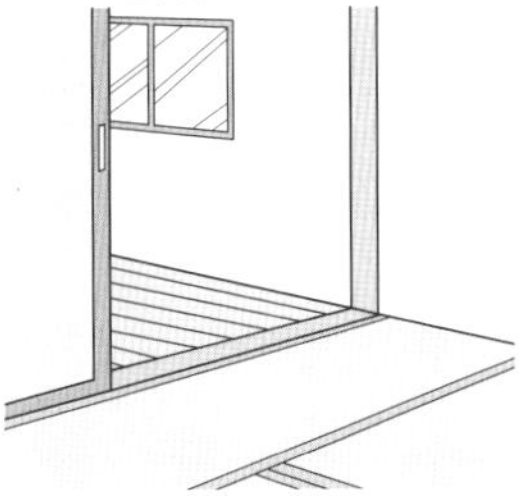

ソフト面

・状況把握（安否確認）サービス、生活相談サービスを提供
・社会福祉法人、医療法人、指定居宅サービス事業所等の職員または医師、看護師、介護福祉士、社会福祉士、介護支援専門員、介護職員初任者研修課程修了者などのケアの専門家が少なくとも日中常駐し、サービスを提供する（※）
・常駐しない時間帯は、緊急通報システムにより対応（※）

（※）……都道府県知事が策定する高齢者居住安定確保計画において別途基準を設けることができる。

6-④

「サービス付き高齢者向け住宅」の費用

大事な3つ

①一般の賃貸住宅に高齢者向けの生活支援サービスが付いた住宅
②地域や含まれるサービスによって料金が大きく違う
③介護が必要になったら介護保険を申請してサービスを受ける

自立度が高いうちは有料老人ホームに比べて起床や食事時間に比較的自由度があり、外出の制限も少ないようです。単身でも安心を提供してくれる、生活支援サービスの付いた住宅と考えてもいいでしょう。

介護が必要になったら、介護保険を申請しますが、その住宅が特定施設の指定を受けていれば、ケアの専門職がサービスを提供します。特定施設でなければ、外部の事業者と個別に契約して居宅サービスを利用します。

料金は「家賃」と「生活支援サービス費」が基本

「サービス付き高齢者向け住宅」の主となる費用は一般の賃貸住宅に近く、「家賃」に共用部分の「共益費」、それに安否確認や生活相談などの「生活支援サービス費」です。住宅によって「共益費」を家賃に含めたり、個別で支払う光熱費を一括徴収する住宅もあります。家賃は地域や部屋の広さによって違います。これらは毎月の料金になりますが、通常入居時には敷金として家賃の数カ月分を支払います。

サービス付き高齢者向け住宅の料金（例）

①入居時の費用

敷金　15万円〜30万円

②基本料金

家賃　5万円〜10万円

共益費　2〜3万円

共用部分（廊下・玄関ホール・エレベーター・共用部分の照明や清掃・植栽）の管理など

水道光熱費　0.5万円

サービス費　2〜3万円

生活相談・安否確認・緊急時通報・来訪者対応・電球の交換・ゴミ出しなど

③選択サービス

食事（食堂・配食）4〜5万円

そのほか（洗濯・清掃など）1〜2万円

介護が必要（要支援・要介護の認定者）の場合

住宅が特定施設の場合

特定施設入居者生活介護を利用する

①一般型サービスを利用する

要介護3＝1日679円（自己負担額）

②外部サービスを利用する

要介護3＝1日84円（自己負担額）

このほか訪問介護などの外部サービス利用料が加わる

※1割負担の場合

住宅が特定施設でない場合

外部の介護事業者と契約して介護サービスを利用する

要介護3（1カ月の支給限度額）＝26,931円（自己負担額）

6-⑤

食事・入浴付きマンションのような「ケアハウス」

大事な3つ

①軽費老人ホームの1つで独立性も保てる低額な福祉施設
②自己負担額は所得に応じて決まるので入居しやすい
③「特定施設入居者生活介護」のサービスが受けられる施設もある

ケアハウスは、低額で住居を提供する軽費老人ホームの1つです。入居できるのは、身の回りのことは一応できるが、自炊は困難な人。食事の提供、入浴の準備、緊急時の対応、生活相談などの、暮らしを支援するサービスが提供されます。利用料は所得に応じて設定されているので、低所得でも利用できます。

個室でプライバシーを大切にしながら暮らせるのもケアハウスの特長で、施設によっては、サークル活動や地域との交流も楽しめます。

自立が入居条件の「自立型」ケアハウスでは、要介護になっても、訪問介護サービスなどを受けながら暮らせますが、要介護度が進むと退去しなければならない場合があります。

特定施設の指定を受けた「介護付き」のケアハウスでは、施設スタッフによって、食事や排せつ、入浴介助などの介護サービスを受け、最後まで暮らすことができます。最近では、娯楽室、大浴場、理美容室などの設備を備え、デイサービスセンターなどを併設したケアハウスも見られます。

軽費老人ホーム（住居を提供）

- **軽費老人ホーム（住居を提供）**
  - A型　食事付き　所得制限あり
  - B型　自炊　所得制限なし
  - ケアハウス　食事付き 所得制限なし
    - 自立型
      食事・入浴サービスのほか、安否確認、緊急時対応などの生活支援。介護サービスは居宅サービスを利用
    - 介護付き
      機能訓練やレクリエーション、食事や排せつ、入浴介助など「特定施設入居者生活介護」のサービスが受けられる

ケアハウスの特徴

メリット	少ない自己負担で生活支援が受けられる 食事のサービスをしてくれる 愛着のある家具などを持ち込める 安否の確認、緊急時の対応をしてくれる 介護が必要な場合は個室または夫婦室で介護が受けられる 介護付きの場合、重度の介護にも対応できる施設がある
デメリット	介護付きのケアハウスは自立型のケアハウスより高額になる 介護が必要になったとき退去を求められることがある

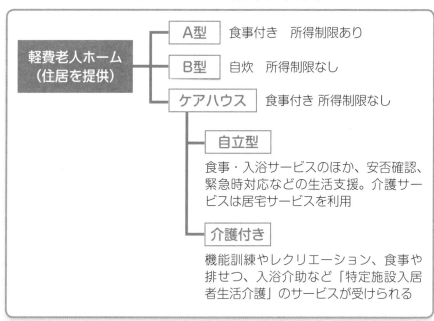

6-⑥

ほかにもある「高齢者向け住宅」

大事な3つ

①多いのは日常生活支援サービス＋バリアフリーのタイプ
②グループリビングは、自立した人たちの「共生型住宅」
③持病のある人には安心な病院直結型のマンション

高齢者向け住宅に多いのは、自立が入居条件で、バリアフリー仕様、見守りなどの生活支援サービスの付くタイプです。元気な限り生活を楽しみたい、でも万一のときのための安心はほしいという高齢者や家族のニーズが多いからでしょう。しかし高齢者の状況も、家族の事情もさまざまです。そしてそんな事情に応じて、多様な高齢者向け住宅が生まれています。

●シルバーハウジング

バリアフリーの住宅と、生活援助員や併設のデイサービスセンターによる日常生活支援サービスを組み合わせた、低所得の高齢者向け公共賃貸住宅です。

生活援助員（ライフサポートアドバイザー：LSA）は相談室に常勤して、入居者の相談にのり、アドバイスをします。また各戸を訪問しての安否確認、緊急時における連絡、一時的な家事援助など、日常生活の支援を行います。入居対象者は、60歳以上の単身もしくは夫婦のいずれか一方が60歳以上の世帯などで、公営住宅、地方公共団体の供給する特定優良賃貸住宅等の入居者資格を満たすことが必要です。

シルバーハウジング・プロジェクトの仕組み

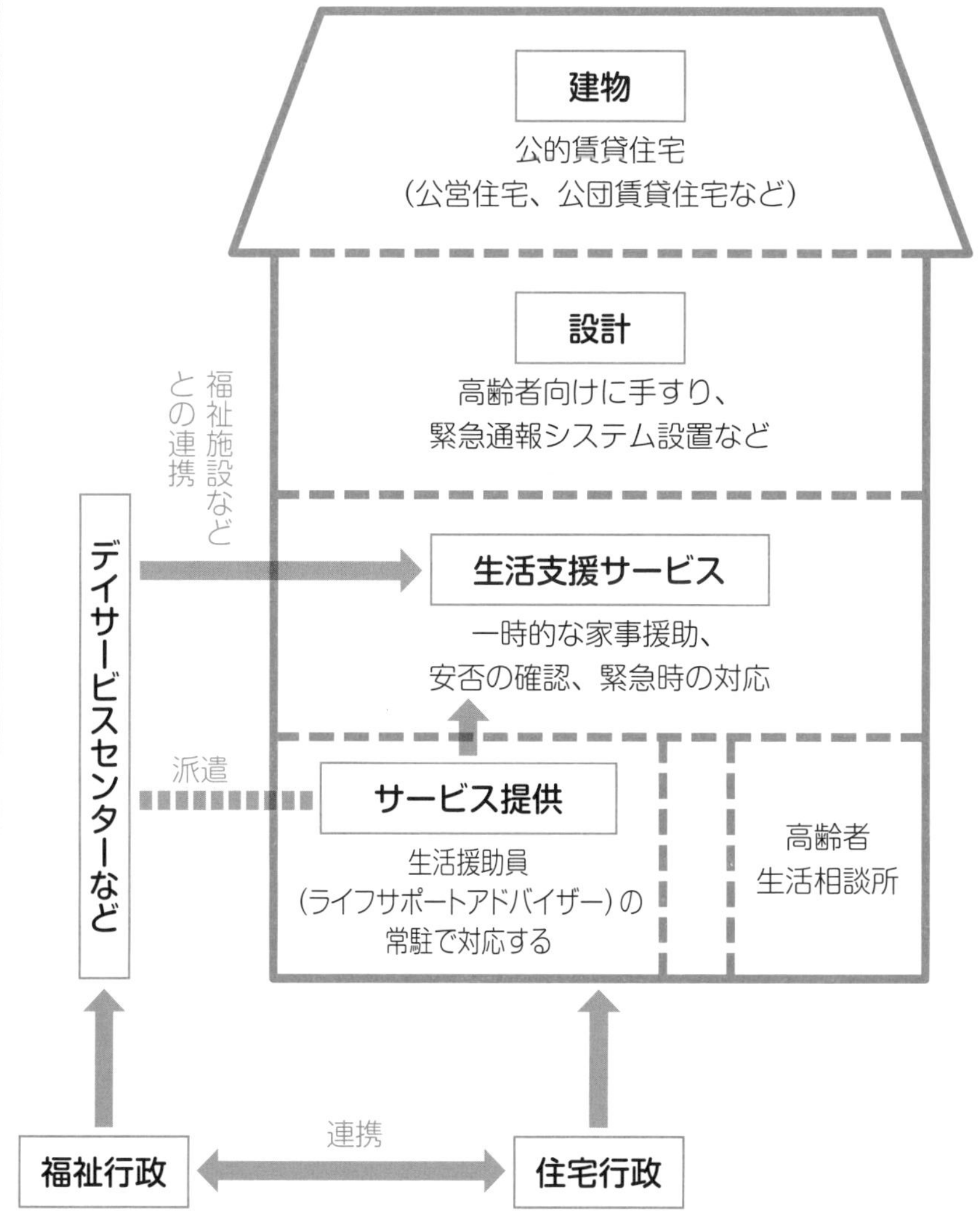

生活援助員(ライフサポートアドバイザー:LSA)

市区町村から委託を受け、シルバーハウジングなど高齢者向け公営住宅の入居者に対し、必要に応じて日常の生活指導、安否確認、緊急時の連絡などのサービスを行う担当者をいいます。

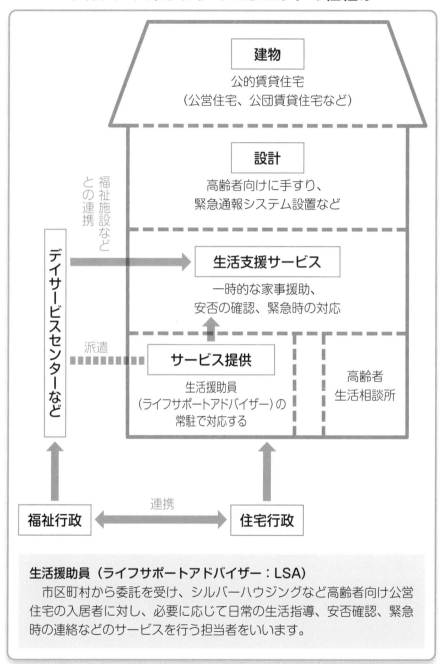

●UR都市機構のシニア向け住宅

UR都市機構は、高齢者および障害者が安心して暮らせるように、地方公共団体や民間事業者との連携・協力し、さまざまな高齢者等向け賃貸住宅を供給・管理し、生活支援サービスを展開しています。

①高齢者向け優良賃貸住宅

既存団地の一部の住戸（主に1階）で、床の段差をほとんどなくし、要所に手すりを設置するなど、高齢者が使いやすいように配慮した住宅で、一定以下の所得の人には家賃負担の軽減措置がある賃貸住宅です。

②シニア賃貸住宅（ボナージュ）

自立志向の強いシニアが安心して住み続けられる住宅。高齢者の安全性を考えた仕様と設備、また入居者の生活を支援するシステムや施設が充実した住宅です。

③高齢者等向け特別設備改善住宅

高齢者および障害者に、既存団地の一部の住戸を利用し、浴室の段差の緩和や設備の改善、連絡通報用設備の設置などを行った賃貸住宅です。

④シルバー住宅

生活援助員が入居者の生活を側面から支援し、団地内の一部の住戸において、緊急通報装置等のセキュリティシステムを導入した賃貸住宅です。

●グループリビング

ひとり暮らしは不安だが、個人的なプライバシーは大切にしたいという高齢者が、一つ屋根の下で暮らす「共生型住宅」です。見守りや緊急時対応などの生活支援、食事サービスを受けられますが、グループホームとは違い、自立の人が対象です。多くの有料老人ホームとくらべて少人数なので、家族的な交流を求める人に向いています。

●病院直結型のシルバーマンション

持病を抱えた要介護者にとって、エレベーターでクリニックへ行ける「病院直結型」のシルバーマンションは有料老人ホームより安心かもしれません。

高齢者の施設･住まいの情報

相談の内容	問い合わせ先 TELまたはEメール ホームページアドレス
高齢者が入居できる賃貸住宅を知りたい	**一般財団法人 高齢者住宅財団** TEL：03-6870-2410 http://www.koujuuzai.or.jp/
全国の高齢者向け住宅を探したい	**UR都市機構** TEL：045-650-0111（代表） http://www.ur-net.go.jp/
サービス付き高齢者向け住宅について知りたい	**一般財団法人 高齢者住宅協会** TEL：03-6867-8535 http://www.shpo.or.jp
サービス付き高齢者向け住宅の情報提供システム	**一般社団法人 すまいづくりまちづくりセンター連合会** TEL：03-5229-7560 http://www.sumaimachi-center-rengoukai.or.jp/
有料老人ホームについて知りたい	**公益社団法人 全国有料老人ホーム協会** TEL：03-3272-3781（代表）　03-3548-1077（入居相談） http://www.yurokyo.or.jp/
介護･高齢者福祉･住宅問題全般について知りたい	**厚生労働省** TEL：03-5253-1111（代表） https://www.mhlw.go.jp/
各都道府県の介護サービスについて知りたい	**厚生労働省　介護サービス情報公表システム** http://www.kaigokensaku.mhlw.go.jp/
認知症やグループホームについて知りたい	**公益社団法人 日本認知症グループホーム協会** E-mail：info@ghkyo.or.jp　TEL：03-5366-2157 http://ghkyo.or.jp/

有料老人ホームはココを見る!

見学時に役立つ チェックリスト&質問のしかた

〈所在地・交通手段〉

□最寄り駅
□駅からの交通手段
□駅からホームへのシャトルバスや送迎車の本数
□家族の自宅からホームまでの所要時間
□周囲の環境
□生活に便利な店や娯楽施設などが近くにあるか

こんなふうに聞いてみよう!

「家族が面会に来る場合も、送迎は可能ですか?」

「歩いて行ける範囲に、どんなお店がありますか?」

「入居している方が外出される場合、どういったところに出かけられていますか?」

〈施設全体〉

□整理整頓されているか
□手すりの設置など、安全面の設備が整っているか
□通路の広さや出入り口の幅などは十分か
□掃除が行き届いているか
□いやな臭いがしないか
□共用スペースの有無
□集会室・娯楽室の雰囲気
□理容室・美容室の雰囲気
□家族室・ゲストルームの雰囲気
□売店の雰囲気
□耐震及び地震時の災害対応はどうか

こんなふうに聞いてみよう!

「売店の営業時間は何時から何時までですか?」

「現在の入居率はどのぐらいですか?」

〈居室〉

□広さは十分か
□明るさは十分か
□室内は清潔か
□収納スペースは十分か
□電話回線、wifi回線の有無
□テレビ回線の有無
□インターネット回線の有無
□ナースコールの有無
□介護度に応じて部屋を移動する可能性があるか
□持ち込み可能な家具や持ちもの
□トイレの照明が自動的につくか

こんなふうに聞いてみよう！

「介護が必要になっても、この部屋で生活できますか?」

「机（居室に持ち込みたい家具や持ちものを具体的に）を持ち込むことはできますか?」

「居室の清掃は週に何回ですか?」「洗濯は週に何回ですか?」

〈費用〉

□入居一時金の有無
□月額費用の概算
□実費請求される費用の内訳と費用の概算
□「短期解約特例」または「クーリング・オフ」が定められているか
□持ち込みが可能な日用品

こんなふうに聞いてみよう！

「日額費用が値上がりすることはありますか?」

「介護用品は、ホーム指定のものを使うのですか?」

「ホーム指定の介護用品の請求額は、実際に使った分だけですか?」

「石けん（日用品の種類を具体的に）の持ち込みはできますか?」

〈退去する場合〉

□退去の要件
□入院が退去の要件となっているか
□「周囲に迷惑をかける行為」とは、具体的にどのようなことか

こんなふうに聞いてみよう！

「長期入院で退去した場合、退院後に優先的に再入居できるシステムはありますか?」

「昨年退去された方の退去理由は何ですか?」

〈スタッフ・入居者のようすと介護の体制〉

□介護職員の人数
□夜間に常駐している介護職員の人数
□専任のケアマネジャーがいるか
□スタッフの表情が明るいか
□スタッフがすすんであいさつをするか
□入居者の身だしなみに清潔感があるか
□入居者と接する態度や言葉づかいに敬意や思いやりが感じられるか

こんなふうに聞いてみよう!


「おむつが必要になった場合、事前に家族への連絡はありますか?」

「おむつ交換は、決まった時間にするのですか?」

「認知症になった場合、どのようなケアをなさっていますか?」

〈ホーム内での医療ケア〉

□看護師の人数
□看護師が夜間も常駐しているか
□定期的な健康診断の頻度や回数
□投薬管理はしてもらえるか

こんなふうに聞いてみよう!


「看護師は何名いますか?」

「看護師は夜も常駐していますか?」

「提携病院の診療時間外に受診が必要な場合、どのように対応していただけるのですか?」

「経管栄養(入居者に必要な医療ケア)を受けることはできますか?」

〈病気をした場合の対応〉

□提携している医療機関の有無
□提携している医療機関の診療科目
□提携病院以外の医療機関を利用することができるか
□通院が必要な場合の対処法

こんなふうに聞いてみよう!


「病院への送迎は可能ですか?」

「通院する場合、スタッフにつき添ってもらえますか?」

「病院への送迎やスタッフのつき添いをお願いした場合、月額費用に加算されますか?」

〈食事〉

□病気対応食（治療食）は可能か
□きざみ食、流動食などに対応してもらえるか
□食事を残している人が多くないか
□入居者のペースに合わせて食事の介助をしているか
□食事が口に合うか
□食事が冷めていないか

こんなふうに聞いてみよう！

「パンフレットに掲載されている写真の食事は、ふだんのメニューですか? 特別なものですか?」

「1食あたりの単価はどのぐらいですか?」

「季節に合わせてどのような行事食がありますか?」

〈入浴〉

□浴室は清潔か
□用具類が整理整頓されているか
□介護が必要になっても入浴時のプライバシーが守られているか

こんなふうに聞いてみよう！

「入浴時間と曜日は、入居者が自由に選べますか?」

「機械式の浴槽を使われている方は、どのぐらいいらっしゃいますか?」

〈外出・家族の面会〉

□門限はあるか
□家族の面会時間に制約があるか
□外出や外泊をする際にどのような手続きが必要か
□家族がホーム内に宿泊できるか

こんなふうに聞いてみよう！

「面会にいらっしゃる方は多いですか?」

「家族が宿泊できる部屋は、よく使われていますか?」

〈経営・運営状況〉

□運営懇談会が定期的にあるか
□入居者の自治会はあるか
□家族会はあるか
□防災設備は整っているか
□入居後の苦情・相談窓口があるか
□災害訓練が定期的にあるか

介護のお金 6

特定施設入居者生活介護の費用

「介護付き有料老人ホーム」や介護付きの「サービス付き高齢者向け住宅」、「介護付きケアハウス」などで受けられる、介護保険の特定施設入居者生活介護は、１日単位で定額の「**一般型**」と利用ごとに利用料が発生する「**外部サービス利用型**」があります。

一般型の利用料（1割負担）1日単位

要支援1	181円
要支援2	310円
要介護1	536円
要介護2	602円
要介護3	671円
要介護4	735円
要介護5	804円

※各種加算は含みません。1単位10円で計算したものです。

外部サービス利用型の利用料と限度額

基本部分		
介護予防（要支援1・2）		55円／日
介護給付（要介護1～5）		82円／日
個別部分（例）		
訪問介護	身体介護（20分未満）	166円／回
訪問介護	身体介護（20分以上45分未満）	182円／回

利用の限度額（1割負担）1カ月単位	
要支援1	5,032円
要支援2	10,531円
要介護1	16,765円
要介護2	19,705円
要介護3	27,048円
要介護4	30,938円
要介護5	36,217円

さくいん

監修　高室成幸（たかむろ しげゆき）
1958年京都生まれ
日本福祉大学社会福祉学部卒
ケアタウン総合研究所 代表　https://caretown.com/
日本ケアサポートセンター 理事長　https://nihoncsc.jp/
介護支援専門員や地域包括支援センター職員・施設の管理者層から民生児童委員まで幅広い層を対象に研修を行い、「わかりやすく元気がわいてくる講師」として高い評価を得ている。『もう限界!! 介護シリーズ』（自由国民社）など、著書・監修書は50冊近くに及び、雑誌の連載も多い。
日本ケアマネジメント学会所属

協力　奥田亜由子（おくだ あゆこ）
日本福祉大学社会福祉学部卒
社会福祉士、日本ケアマネジメント学会認定ケアマネジャー、主任介護支援専門員
日本福祉大学大学院福祉マネジメント修士課程修了
日本福祉大学社会福祉学部非常勤講師
「ふくしと人づくり研究所」所長

※本書は2016年6月3日に発行された『もう限界!! 施設介護を考えるときに読む本』（第3版）を改訂・改題して発行しました。

身近な人の施設介護を考えるときに読む本

2010年8月4日 初版第1刷発行
2016年6月3日 第3版第1刷発行
2019年12月1日 第4版第1刷発行
2024年5月21日 第5版第1刷発行

監修者　高室成幸
発行者　石井　悟
発行所　株式会社 自由国民社
〒171-0033　東京都豊島区高田3-10-11
電話（営業部）03-6233-0781　（編集部）03-6233-0787
ウェブサイト　https://www.jiyu.co.jp/
印　刷　大日本印刷株式会社
製　本　新風製本株式会社
編集協力　株式会社耕事務所
執筆協力　関みなみ　野口久美子
本文デザイン　石川妙子
本文イラスト　山下幸子
カバーデザイン　JK